Research on Reverse
Technology Spillover Effect
and Influencing Factors of

OFDI

OFDI 逆向技术溢出效应及其影响因素研究

蔡冬青　/著

中国财经出版传媒集团
经济科学出版社
Economic Science Press

图书在版编目（CIP）数据

OFDI 逆向技术溢出效应及其影响因素研究/蔡冬青著.
—北京：经济科学出版社，2018.4
ISBN 978 - 7 - 5141 - 9216 - 2

Ⅰ.①O… Ⅱ.①蔡… Ⅲ.①对外投资 - 直接投资 -
影响因素 - 研究 - 中国 Ⅳ.①F832.6

中国版本图书馆 CIP 数据核字（2018）第 074483 号

责任编辑：李　雪
责任校对：王苗苗
责任印制：邱　天

OFDI 逆向技术溢出效应及其影响因素研究

蔡冬青　著

经济科学出版社出版、发行　新华书店经销
社址：北京市海淀区阜成路甲 28 号　邮编：100142
总编部电话：010 - 88191217　发行部电话：010 - 88191522
网址：www. esp. com. cn
电子邮件：esp@ esp. com. cn
天猫网店：经济科学出版社旗舰店
网址：http://jjkxcbs. tmall. com
固安华明印业有限公司印装
710 × 1000　16 开　14 印张　200000 字
2018 年 4 月第 1 版　2018 年 4 月第 1 次印刷
ISBN 978 - 7 - 5141 - 9216 - 2　定价：50.00 元
（图书出现印装问题，本社负责调换。电话：010 - 88191510）
（版权所有　侵权必究　举报电话：010 - 88191586
电子邮箱：dbts@ esp. com. cn）

前　　言

自新古典增长理论揭示出技术进步是经济增长的源泉后，经济学家对技术进步的兴趣便越来越浓厚，甚至在某种程度上人们对技术进步的研究兴趣超过了经济增长本身。在罗默开创内生增长理论以来，经济学家对技术进步的源泉开展了持续不断的研究。一般来说，一国的技术进步除了依赖自身的直接要素的投入外，利用技术的外部性、获取技术外溢也是促进技术进步的重要渠道，尤其是包括中国在内的技术水平相对落后的发展中国家，获取国际技术外溢显得更为重要。当前受学术界关注的主要国际技术外溢渠道包括国际贸易、人员流动、吸引外资等。随着国际直接投资的迅速发展，尤其是发达国家之间的"水平投资"以及发展中国家向发达国家的"逆向投资"的发展，外向直接投资的逆向技术溢出作为一种新的获取国际技术外溢的渠道引起了越来越多经济学家的注意。本书正是建立在我国对外直接投资近年来迅速发展的现实条件下，对我国对外直接投资获取逆向技术溢出的可能性及影响因素进行了试探性的研究。本书的主要研究包括：

第一，通过一个内生增长模型的简单拓展，对对外直接投资逆向技术溢出促进母国技术进步的机制进行了尝试性的揭示。通过建立两个国家、N种中间投入品以及两个企业的简单模型的分析，本书发现相对于通过吸引外资以及通过国际贸易获取的中间产品，通过本国企业开展对外直接投资在国外生产的中间产品对本国的生产更加具有针对性，提高了中间产品的有效率，从而对本国最终产品技术的提升比其他渠道的国际技术外溢更加有效。同时，均衡分析的结果发现，对外直接投资逆向技术溢出的效应受到母国人力资本、研发投入的交互影响。在本国对外直接投资规模不变的情况下，母国更多的人力资本投资和研发投入可以强化这种逆向技术溢出效应；而这种逆向技术溢出又受到母国与东道国技术差距的交互作用。在本国对外直接投资规模不变的情况下，更大的技术差距有助于更强的逆向技术溢出；最后，母国与东道国的技术差距与母国吸收能力之间具有交互作用。在其他条件不变的情况下，更大的技术差距更容易产生逆向技术溢出，但对母国吸收能力也提出了更高的要求。利用跨国面板数据的实证考察，也支持本书的这一结论。

第二，利用国际面板数据以及面板协整技术，本书对逆向技术溢出吸收能力对逆向技术溢出的影响进行了实证考察，为我国开展相应活动提供了国际经验。实证结果发现以人力资本、研发投入、技术基础设施以及金融发展为衡量指标的吸收能力对逆向技术溢出具有强化作用，在母国对外投资规模不变时，这些指标对母国技术进步具有正向贡献。同时，非线性回归结果发现，逆向技术溢出对母国技术进步的促进具有"门槛效应"，即母国吸收能力达到"门槛值"时，逆向技术溢出才会促进母国技术进步，否则这种效应不会显现甚至为负。最后，实证结果发现母国与东道国的技术差距并非"越大越好"，较大的技术差距具有更大的可能性产生逆向技术溢出，但更大的技术差距必须有更强的母国吸收能力与之适应，否则母国难以吸收这种反向外溢，使得"后发优势"难以发挥。

第三，基于"由一般到具体"的研究思路，本书将上述的一般规律应用于中国实际，对中国的对外直接投资逆向技术溢出进行了实证考察。首先基于逆向技术溢出的视角，本书对我国的对外直接投资进行了国际比较。比较的结果发现，我国对外直接投资总体上并没有具备获取逆向技术溢出的条件，主要表现为对外直接投资规模小、对外投资行业选择不合理、目标区位不合理、国有企业对外投资占比过高以及企业国际化经营经验不足等。进一步利用我国省际面板数据进行的实证考察也显示，我国对外直接投资总体上并未显示出逆向技术溢出效应。但在分地区的回归中,本书发现我国东部地区的对外直接投资已经产生了显著的逆向技术溢出效应,这表明逆向技术溢出规律在中国是适用的。基于这一实证结果,本书初步判断这一结果的原因是我国吸收能力不足造成的。利用与国际经验分析相似的指标作为吸收能力代理指标,实证考察结果发现,我国总体上的吸收能力并未达到逆向技术溢出的要求。除对外开放度外,人力资本、研发投入、金融发展以及技术基础设施等均未对我国逆向技术溢出效应产生真正的贡献。

第四,本书将我国对外直接投资逆向技术溢出的影响因素由国内延伸到东道国视角。通过跨国数据的实证考察,本书选择东道国人力资本、研发投入、知识产权保护、对外开放度、政府效率以及技术市场规模作为东道国区位特征的代理变量。实证考察结果发现,我国对外直接投资东道国选择中,强调人力资本积累和重视研发投入的国家对我国的逆向技术溢出更加显著。在制度环境方面,东道国更加严格的知识产权保护有助于其对我国的技术外溢;东道国更高的政府效率有助于其对我国的技术外溢;东道国完善的技术市场机制有助于其对我国的技术外溢;而东道国的对外开放度并没有与设想的相一致地对我国获取逆向技术溢出产生真正的贡献。

最后,在以上理论和实证研究的基础上,本书提出增强对技术获取型对外直接投资的政策支持、增强我国技术吸收能力、合理选择我国对外投资目标区位以及通过"走出去"与"引进来"的协同发展促进我国获取逆向技术溢出提高我国技术进步的政策建议。

目录

第一章

绪　　论

第一节　OFDI 作为创新源泉的提出

自索罗运用新古典经济增长模型解释了经济增长的最终源泉并非物质资本与劳动之后，经济学家便对技术进步与经济增长之间的关系产生了浓厚的兴趣，而罗默通过内生经济增长模型巧妙地解释了技术进步对经济增长的贡献。在内生经济增长作出这一完美解释之后，人们对技术进步的兴趣甚至远远超过了对经济增长的兴趣。从某种程度上说，经济学对技术进步的研究成为对经济增长研究的替代。党的十七大报告指出"提高自主创新能力，建设创新型国家，是国家发展战略的核心，是提高综合国力的关键"，而《国家中长期科技规划纲要（2006—2020）》将"自主创新"确立为国家战略，指出"必须把提高自主创新能力作为国家战略，贯彻到现代化建设的各个方面，贯彻到各个产业、行业和地区，大幅度提高国家竞争力"，可见创新能力作为经济发展的关键环节，已得到国家、社会、企业的广泛认同。同时，国家《国民经济和社会发展十二五规划纲要》将创新归为"原始创新、集成创新和引进消化和吸收再创新"，为我国创新能力的形成指明了道路。但是在当前激烈的国际竞争下，依靠原始创新积累自主创新能力已经难以赶超发达国家，在狠抓原始创新的同时，充分利用先进技术在国际间的传递，进行集成创新和消化吸收再创新才是我国企业的合理选择。我国利用国际技术传递的手段主要包括直接的技术贸易和人员流动，以及间接地通过货物贸易和外商直接投资的技术溢出。

从目前的研究成果来看，通过国际贸易和引进外资实现的国际技术外溢已经受到广泛关注，我国学者对其的研究也已经很普遍且深入。而随着我国整体经济实力的提升，我国已经逐步具备走出国门开展对外直接投资（OFDI，Outward Foreign Direct Investment）的能力，对外直接投资作为另外一种重要的国际技术外溢渠道受到越来越多的关注。众所周知，发达国家跨国公司通过对外直接投资活动进行全球范围的资源寻求和整合是一种极为普遍的做法，而技术创新资源是其在全球范围内寻找的一个重要目标。随着包括我国在内的整体经济实力的积聚和企业能力的增强，发展中国家也同样可以通过"走出去"对外直接投资，反过来利用发达国家以及其他发展中国家的技术创新资源，主动吸收世界先进技术的反向外溢，来促进本国的技术进步，实现经济的持续增长。根据联合国贸发会议（UNCTAD）的统计，发展中国家对外直接投资流出量从 2000 年到 2016 年，由 135116 百万美元增长为 383754 百万美元，占世界的比重也由 2000 年的 11% 上升到 2016 年的 23%，说明广大发展中国家已经开始重视利用"走出去"对外投资进行全球资源的寻求和配置。

我国的对外直接投资尽管起步较晚，但自"走出去"战略提出尤其是"一带一路"战略实施以来，对外直接投资发展迅速，根据商务部《对外直接投资统计公报》显示，2016 年，我国境内投资者全年共对全球 164 个国家和地区的 7961 家境外企业进行了非金融类直接投资，累计实现投资 11299.2 亿元人民币（折合 1701.1 亿美元，同比增长 44.1%）。我国对外直接投资流量已跃居世界第二，存量也进入世界前十行列。可见我国的对外直接投资活动正处于飞速发展的阶段，但飞速发展的对外直接投资活动是否可以有效地整合全球范围的科技资源,有效促进我国技术进步则是值得我们思考的更深层次问题。对当前我国对外直接投资的分布行业和地区进行简单分析可以发现,我国当前的对外直接投资活动还处于较为单一的资源、市场寻求阶段,而较为高级的技术寻求动机的对外直接投资在我国的比重并不大。因此,如何有效提高技术寻求型对外直接投资的比重,促进对外直接投资获取国际技术反向外溢,以提升我国的技术水平是需要我们深入研究的课题。探索对外直接投资逆向技术溢出的内在机制,并深入研究反向技术溢出的影响因素,可以为我国充分发挥对外直接投资、促进国内技术进步提供有效的建议。

第二节 本书研究的主要目标

本书的总体目标是为我国通过"走出去"战略实现全球创新资源的搜寻和配置,实现国内技术进步的促进提供理论依据和政策启示,本书将从以下几个方面来实现这一总体目标:

一、揭示逆向技术溢出的作用机制

内生经济增长模型通过将技术内生化,揭示出经济增长的源泉包括人力资本、研究与开发等(Romer,1990),我国学者通过将技术外溢指标加入罗默(Romer,1990)的理论模型发现技术外溢也是经济增长的一个重要原因(赖明勇等,2005;沈坤荣等,2001)。这类研究为我们研究对外投资的逆向技术溢出提供了一个很好的思路。本书将把对外直接投资的逆向技术溢出引入到内生增长模型中,考察逆向技术溢出对技术进步的作用机制,为通过对外直接投资获取国际先进技术提供理论支持。

而事实上,从对内生经济增长模型的简单分析可以知道,内生增长理论首先肯定技术进步是经济增长的源泉，其次通过理论模型进一步探寻技术进步的原因。根据不同经济学家的理论模型，我们可以知道技术进步的源泉包括不变甚至递增的规模报酬、"干中学"和知识的外溢、人力资本以及研究和开发。因此，内生增长模型实际上解释的是技术进步的源泉。通过将对外直接投资的逆向技术溢出引入到内生增长模型中，可以与前人的内生增长模型相类似地揭示另外一个技术进步的源泉——逆向技术溢出对技术进步的促进。同时对这一机制的揭示，也有助于进一步深入研究逆向技术溢出促进国内技术进步的影响因素。

二、揭示对外直接投资对出口部门的技术外溢

对外直接投资逆向技术溢出是一个普遍规律，对开展对外投资的所有国家也许都适用，但我国的特殊性在于仍然是一个出口拉动经济增长的国家，尽管相对于巨额的贸易顺差而言，对外投资的比重并不很大。但肩负提升我国整体技术水平任务的对外投资，同时也必然对提升我国出口技术水平具有不可避免的责任。从当前我国出口商品结构来看，我国的出口贸易仍然处于低技术、低附加值的阶段，而通过主动的"走出去"对外投资，获取国际先进技术很可能能够提升出口技术水平。因此，研究对外投资对出口部门的技术外溢在我国同样具有重要意义。

很多学者对出口技术水平的提升进行过深入研究，劳尔等（Lall et al.，2006）认为出口技术水平取决于人均收入，罗德里克（Rodrik，2006）和豪斯曼等（Hausmann et al.，2007）则认为人力资本是决定出口技术水平的主要变量，卡里等（Kali et al.，2007）认为引进外资可以提升出口技术水平。本书通过对豪斯曼等（2007）的理论模型做简单拓展，加入对外直接投资变量，以期得出对外直接投资可以促进本国出口技术水平提升的结论，从而揭示对外直接投资对出口部门的技术外溢，为我国利用"走出去"实现"贸易强国"的战略协同发展具有理论指导意义。

三、从母国和东道国两方面探寻逆向技术溢出的影响因素

逆向技术溢出促进母国技术进步目标的实现并不是一个不受任何干扰的普遍规律，在不同的东道国和母国之间，这一目标的实现是不同的。不同国家向同一东道国进行投资，会获得不同的逆向技术溢出，这是因为不同国家在其本身的一些特征上存在差异；而同一国家在向不同东道国开展直接投资时，也会获取不同的逆向技术溢出，这则是因为东道国特征的差异。一般来说，前者的差异被归结为母国技术吸收能力的差异，而后者的差异本书定义为"东道国区位特征"。当前学术界较为关注的是前者，对后者的关注较少。本书的第三个主要目标则是兼顾这两个目标，试图从母国和东道国两方面揭示逆向技术溢出的影响因素，为我国强化自身的技术吸收能力和合理选择对外投资的东道国提供政策参考，提高通过对外直接投资获取逆向技术溢出的效率。

四、为我国充分利用逆向技术溢出提出全面可行的对策建议

对外直接投资实践在我国仍然处于起步阶段，而通过"走出去"获取逆向技术溢出更是我国的新命题。本书通过前几个研究目标的实现，可以揭示对外直接投资逆向技术溢出的普遍规律，在此基础上，本书将基于我国当前的对外投资政策现状、行业选择现状以及区位选择现状提出可行的改进意见。

第三节 本书的研究思路及研究方法

一、本书的研究思路

本书的关键问题有三个，即对外直接投资逆向技术溢出促进母国技术

进步的内在机制、对外直接投资逆向技术溢出的因素有哪些、不同因素是如何影响反向技术溢出的。为了搞清楚这三个问题，本书将设置四个主要课题进行研究，分别是：对外直接投资逆向技术溢出的机制研究；母国技术吸收能力影响对外直接投资逆向技术溢出的机制及实证研究；东道国人力资本、研发投入影响对外直接投资反向技术溢出的机制及实证研究；东道国制度环境影响母国对外直接投资反向技术溢出的机制及实证研究。进一步将以上课题分解为如下研究内容：第一部分通过对内生增长模型的简单拓展，揭示对外直接投资逆向技术溢出促进母国技术进步的内在机制，并进而通过跨国面板数据给出实证证据，并初步揭示逆向技术溢出所受外在因素的影响，同时本书第一部分还揭示了对外直接投资对出口部门的技术外溢，并给出实证证据；第二部分深入研究母国技术吸收能力对反向技术溢出的影响，并通过跨国面板数据揭示这种影响的内在机制，东道国与母国技术差距的影响研究也放在这部分；第三部分深入分析东道国特征对反向技术溢出的影响，将东道国人力资本、研发投入与东道国制度因素的影响分开论述，并给出实证考察的证据；最后为我国充分利用对外直接投资获取国际先进技术提出政策建议。本书的研究思路见图1-1。

二、本书的结构安排

本书共八章，其中第一章为绪论，第二章为文献综述，第八章为结论及启示，第三到第七章为全书的主体。具体内容安排如下：

第一章为绪论。主要为问题的引出、全文框架和研究方法的介绍。

第二章为文献综述。对课题相关的现有研究成果进行综述。基于本书的研究主题，本章包括三方面的文献梳理：第一，对外直接投资母国技术进步效应的发生机制——逆向技术溢出的相关文献回顾；第二，以技术获取为主要目标的对外直接投资——技术获取型OFDI的文献回顾；第三，我国对外直接投资逆向技术溢出的研究。最后对文献进行述评，并给出本书的理论视角以及可能的理论拓展。

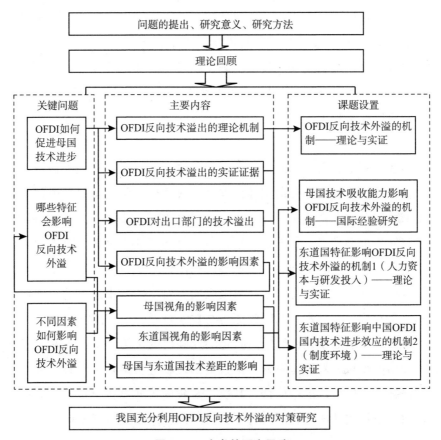

图 1-1 本书的研究思路

第三章进入本书的主体部分。将对中国 OFDI 国内技术进步效应的发生机制进行全面的研究。通过一个罗默模型的简单改进，加入对外直接投资的逆向技术溢出效应，深入揭示对外直接投资促进母国技术进步的内在机制。同时，对逆向技术溢出的微观机制进行了尝试性的考察，在尽可能的范围内进行列举式的分析。本章同时考察了一个对我国有特殊意义的问题——对外投资对出口部门的技术外溢效应。理论分析发现，对外直接投资可以有效提升出口部门的技术水平，这对我国"贸易强国"战略和"走出去"战略的协同发展具有很强的理论指导意义。

第四章首先利用国际面板数据为逆向技术溢出的存在性进行了跨国

比较分析，提供了较为充分的实证证据。其次从母国角度考察母国技术吸收能力对逆向技术溢出的影响机制。本书将考察母国在人力资本强度、研发强度、金融发展、技术基础设施以及对外开放五个方面对逆向技术溢出的技术吸收影响，同时对技术差距的实证考察也放在这一章。在影响机制的考察中，本书将考察技术吸收能力对反向技术溢出的线性影响及非线性影响，并考察技术吸收能力与技术差距的交互作用。

第五章首先利用国际面板数据为逆向技术溢出的存在性进行跨国比较分析，提供了较为充分的实证证据。其次从母国角度考察母国技术吸收能力对逆向技术溢出的影响机制。本书将考察母国在人力资本强度、研发强度、金融发展、技术基础设施以及对外开放五个方面对逆向技术溢出的技术吸收影响，同时对技术差距的实证考察也放在这一章。在影响机制的考察中，本书将考察技术吸收能力对反向技术溢出的线性影响及非线性影响，并考察技术吸收能力与技术差距的交互作用。

第六章和第七章是针对中国问题的经验研究。第六章首先基于逆向技术溢出的视角，对我国对外直接投资的现状进行描述性考察，分析其对逆向技术溢出目标的适应性；其次，对我国对外直接投资的逆向技术溢出效应进行实证考察，同时为了分析中国对外直接投资逆向技术溢出效应的地区差异，本书将对分区域的面板数据进行分别考察。最后，本章将对我国对外直接投资逆向技术溢出的吸收能力进行考察，以查找我国逆向技术溢出的内部影响因素。

第七章将逆向技术溢出的影响因素拓展到东道国视角。当前学术界对技术外溢影响因素的研究主要考察的是母国技术吸收能力，对目标区位的差异导致的逆向技术溢出差异的考察较少。本书将从东道国人力资本、研发投入以及制度差异三个方面考察东道国区位特征对逆向技术溢出的影响。

第八章为结论、建议及研究展望。针对我国当前在对外直接投资区位选择、产业选择、政策现状等方面在利用对外直接投资逆向技术溢出中存在的不足，提出较为全面可行的政策建议。

三、本书的主要研究方法

（一）关注现实经济生活与文献研究相结合

经济问题的研究离不开对现实生活的关注，本书的研究也以对现实经济生活的关注为基本的研究方法。本书研究的现实经济生活源自两个方面，一是中国对外直接投资的现实状况，二是对国外对外直接投资经验的研究和借鉴。对中国对外直接投资的现实研究可以发现当前的一系列现实问题。如对外直接投资的额度偏小、投资方向单一、最终目标不清晰等，这些现实问题均是学术界值得关注的问题。而对国外对外投资经验的分析可以为我国明确投资目标、实现对外直接投资的集约化和可持续发展提供有益的经验。本书的研究主题正是作者对我国对外直接投资现实关注的结果。

而理论研究尽管不能直接为学者提供值得研究的现实问题，但可以使得现实问题的研究得到理论高度的升华。通过大规模的相关文献研究，本书可以获得对外直接投资目标确立、区位选择以及经济效应等方面的理论支撑。同时为了解决本书所提出的现实经济问题，文献研究可为本书提供丰富的理论研究工具。

（二）实证研究和规范研究相结合

理论研究只能对经济现实进行描述以及对经济现象背后的经济规律加以挖掘，而不能解决学术研究的基本价值判断。因此本书将坚持实证研究和规范研究相结合。

1. 实证研究

本书的实证研究主要出于两个目的。第一，对我国对外直接投资的现状及发展历程进行统计研究，以期找到以下问题的答案：我国对外直接投资的规模；我国对外直接投资当前的区位分部和行业分部；我国对外直接投资与西方发达国家的比较。通过对这些问题的分析可以找到我国对外直接投资存在的主要问题并为接下来的进一步分析作铺垫。这部分的实证研究方法主要为统计分析。

第二，研究中国对外直接投资对国内技术进步的贡献，并进一步查找当前我国对外直接投资在利用国内技术进步效应中的主要不足。显然这一问题仅仅依靠统计研究是不能得到解决的，本书将运用 panel data 模型、面板协整技术等实证分析工具。本书的研究主题是东道国特征差异对我国 OFDI 国内进步效应的影响，因此对跨国面板数据的分析是本书的主要手段，只有建立面板数据模型才能满足本书的研究需要。通过面板协整技术可以分析我国 OFDI、东道国特征变量以及其他影响因素对我国技术进步的长期关系。

2. 规范研究

通过实证分析得到中国 OFDI 国内技术进步效应利用的现状和现实问题后，本书将以国际直接投资的经典理论为指导，为我国通过合理选择 OFDI 的目标区位，从而充分利用 OFDI 国内技术进步效应，实现自主创新能力的提升提供合理建议。

（三）理论研究和应用研究相结合

本书将坚持"理论联系实际"的根本思路，坚持"从实际中来，应用到实际中去"的学术目标。

1. 理论模型

本书的理论基础包括对外直接投资的反向技术溢出理论（Reverse spillover）、技术寻求型对外直接投资（technology search OFDI）以及对外直接投资的区位理论。在第二章"文献综述"部分将会交代，此处不再赘述。

本书的理论模型主要包括改进的 CH 模型（Coe & Helpman，1995）、LP 模型（Bruno Van Pottelsberghe De La Potterie & Frank Lichtenberg，2001）以及罗默模型（Romer，1990）。

2. 应用研究

与规范分析相对应，本书的应用研究主要为政策建议。本书将从宏、中、微观三个层次对我国 OFDI 区位选择进行机制设计，试图建立一套可以充分利用 OFDI 国内技术进步效应的 OFDI 区位和产业选择的机制。

第四节　可能的创新与不足

一、可能的创新

本书的研究重点正是前面所述的三个关键问题。而其中又以后两个问题为重中之重。同时，这三个问题若能得到解决，也将成为本书的得意之处，算是对中国对外直接投资研究的"边际贡献"。具体而言本书的研究重点和可能的创新包括：

（一）理论创新

对外直接投资促进母国技术进步的研究在国际经济学领域由来已久，但主要的研究在于证明逆向技术溢出的存在性以及对母国的技术进步效应，对对外直接投资逆向技术溢出促进母国技术进步的理论机制揭示较少。本书通过对罗默（Romer，1990）及赖明勇等（2005）理论模型的简单拓展，对对外直接投资促进母国技术进步的内在机制做了尝试性的揭示，这可以为包括中国在内的技术获取国在开展对外直接投资活动中明确政策意图，改变对外投资的策略提供理论参考。同时，本书针对我国经济发展阶段的特殊性，通过另一个理论模型豪斯曼（Hausman，2007）的简单拓展，揭示了对外直接投资对出口部门的技术外溢，为我国通过对外直接投资提升出口技术水平提供了一个尝试性的理论依据。

（二）实证创新

正如前面所述，对外直接投资是一个普遍规律，其必然受广泛的外在因素的影响。当前的实证研究所采用的样本主要是基于母国的时间序列数据以及母国的行业层面的面板数据，这样就难以避免样本选择的特殊性①。而选择具有显著技术寻求动机的国家作为研究样本，会扩大逆向技术溢出效应，从而忽略了逆向技术溢出的干扰因素。比如日本作为典型的技术获取型对外直接投资的发起国，其在境外的直接投资具有极强的目的性，并规避了很多对获取逆向技术溢出的干扰因素，而日本的很多做法随着国际投资环境的优化和国际法制惯例的健全，已经不可复制。通过跨国数据的分析，可以揭示逆向技术溢出的普遍规律，给我们一个较为客观的经济现实，而不致因夸大对外直接投资的逆向技术溢出而导致盲目的决策。

同时，限于数据可得性，本书在研究东道国特征对逆向技术溢出的影响时，使用的是我国的对外直接投资数据。尽管这没有能够揭示东道国特征作用于母国对外投资逆向技术溢出的普遍规律，但这反过来将我国对外直接投资逆向技术溢出的现实状况进行了揭示，这可以有效地将之与国际水平进行对比分析，查询我国利用对外直接投资获取国际先进技术中的问题。

（三）视角创新

将OFDI反向技术溢出的影响因素的研究拓展到基于东道国特征的理论视角。现有研究对该问题的研究主要着眼于我国的"吸收能力"。"吸收能力"的概念是基于母国视角，指母国的人力资本、研发投入以及技术特征等对吸收OFDI反向技术溢出的影响。但与通过FDI流入（Inward FDI）外溢的国际先进技术相比，母国在利用OFDI的国内技术进步效应时，不仅受本国相关因素的影响，也同时受到东道国相关因素的影响。这一理论视角的拓展是本书的主要创新。

二、存在的不足

受外在条件和作者学识所限，本书的研究仍然存在很多的缺憾，在数

---

① 关于这部分文献，本书在第二章"文献综述"中将做深入阐述。

据资料选取、研究方法以及研究深度方面存在很多不足，主要表现在：

（一） 论据以统计数据为主，缺少调研数据

本书的研究需要大量的数据资料支撑，在国际经验的研究方面，有大量统计数据可以使用，也可以通过一定的甄别技巧选择合乎本书研究需要的研究样本，通过对跨国面板数据的区别考察，将国际数据区别为技术获取型与非技术获取型，可以较好地获取逆向技术溢出的实证证据。但是针对我国的研究数据较为缺乏。我国对外直接投资的统计公报自 2003 年才开始公布，加上我国对外直接投资当前的规模并不大，这就使得本书所研究的逆向技术溢出效应通过数据检验难度较大。本书对此的处理办法是反过来利用中国现有的统计数据，通过对数据整体的分析反过来考察中国对外直接投资方向技术外溢的程度，并进而探寻形成这一现状的原因。而若能通过调研获得一手数据，以明确以技术获取为目标的对外直接投资数据可以更好地检验我国对外直接投资逆向技术溢出的现实情况。

（二） 以宏观分析为主，缺少微观机制的研究

本书通过一个简单的理论模型分析了母国对外直接投资促进国内技术进步的机制，并得到了宏观数据的实证支撑。然而本书所分析的对象均为国家，所得结论对政府层面的政策制定具有理论指导意义，而缺乏企业微观层面的分析，因此对企业通过对外投资获取国际先进技术的目标达成指导价值不够。而实际上对外直接投资的主体是企业，通过对外直接投资接近和获取国际先进技术应该成为企业的自主选择。通过理论研究揭示企业获取对外投资逆向技术溢出的机制可以为我国企业更加有效地开展"知识学习型"对外投资，接近和获取国际先进技术，更好地实现"走出去"提供理论指导。

（三） 以现有理论框架应用为主，缺少理论原创

本书借鉴了大量的经典理论模型，这些理论模型对解决本书要研究的课题具有极强的解释力，为本书的研究提供了很大的便利。尽管在实际应用中，本书对经典模型进行了简单改进，但总体上本书并没有建立自己的理论框架，仍然是对现有模型的应用。因此，本书实际是以一种理论研究的"边际创新"。

以上缺憾主要是作者目前所掌握的研究方法所限，未能尽情研究，在今后的学术生涯中仍需继续努力。

第二章

文 献 综 述

　　文献研究与现实问题研究相结合是本书的重要研究方法，通过文献研究可以为现实问题找到很好的理论解释，文献考察还能为现实问题的解释提供有效的分析工具。国际上对对外直接投资逆向技术溢出的研究起始于对对外直接投资动因的考察，随着国际直接投资的发展，经济学家发现基于传统"优势"论对很多发达国家之间的"水平投资"以及发展中国家向发达国家的"逆向投资"已不具备很好的解释力，"技术寻求型"对外直接投资引起了经济学家的注意。本书的理论回顾也从对外直接投资的动因开始，延伸出技术获取型对外直接投资的，并进而对国外学者针对逆向技术溢出的理论和实证的研究进行简单回顾。同时我国国内学者也对中国对外直接投资的逆向技术溢出进行了广泛的研究，本章对这部分文献也进行了较为广泛的研究。本章的基本内容包括技术寻求型对外直接投资的理论回顾、逆向技术溢出的理论回归以及我国国内学者对我国对外直接投资逆向技术溢出的研究现状的研究，并在此基础上进行了尝试性的理论述评，为本书的研究提供一个理论基础。

第一节 技术寻求型 OFDI 研究

一、传统理论对 OFDI 动因的解释

对外直接投资的理论解释可以追溯到亚当·斯密的绝对优势理论和大卫·李嘉图的比较优势理论，这些理论在指导国际贸易分工的同时，对具有绝对优势或比较优势的国家开展国际直接投资也具有同样的指导意义。赫克歇尔和俄林（Heckscher & Ohlin，1933）所提出的要素禀赋理论进一步解释了基于要素禀赋特征的国际贸易分工体系，赫克歇尔 - 俄林理论认为任何国家出口的商品必然是密集使用本国具有要素禀赋优势的生产要素的商品，而进口密集使用本国具有要素禀赋劣势的生产要素的商品。该理论从本质上仍然是李嘉图比较优势理论的延续。而随后的对外直接投资理论实际上也是遵循这一理论思路，认为所有国家的对外直接投资行为都是基于某种"优势"的。

对国际直接投资的研究兴起于 20 世纪 60 年代，代表性理论包括垄断优势理论（Hymer，1960）、产品生命周期理论（Vernom，1966）、内部化理论（Buckley & Casson，1976）、国际生产折衷理论（Dunning，1977）以及小岛清的边际产业扩张论（Kojma，1978）。

垄断优势理论强调开展对外直接投资的企业必须具有一定程度的垄断优势，否则是不具备跨国经营的条件的，而具有垄断优势的企业开展国际直接投资可以进一步获取和强化垄断优势。因此，在海默（Hymer，1960）看来，垄断优势既是企业对外直接投资的基础，也是对外直接投资的动因[①]。

[①] Hymer, S. H. (1960): "The International Operations of National Firms: A Study of Direct Foreign Investment". PhD Dissertation. Published posthumously. The MIT Press, 1976. Cambridge, Mass.

弗农（Vernom，1966）的产品生命周期理论则通过对产品进行生命周期划分，对国际分工的区位分布进行了拓展，为企业的跨国经营布局提供了理论依据①。根据该理论，所有产品都会经过引入阶段、成长阶段、成熟阶段和标准化阶段。发达国家一般会生产引入阶段和成长阶段的产品，而将成熟阶段和标准化阶段的产品转移到次发达国家和发展中国家生产。因此，该理论认为企业开展国际直接投资的动因是产品生产技术的优势。

内部化理论将交易成本纳入国际直接投资的研究框架中，认为企业在进行国际直接投资的过程中可以将国际贸易中的交易成本通过跨国经营所获得的内部化优势加以规避，从而强化国际化经营的优势。同时，内部化理论指出，企业是否进行国际直接投资取决于内部化的收益与国际贸易的交易成本之间的关系，当内部化收益大于交易成本时，企业会选择走国际直接投资的道路②。因此，内部化理论认为企业开展国际直接投资的动因是获取内部化的利益和规避贸易成本。

国际生产折衷理论则将企业开展对外直接投资的动因归结为三种优势：所有权优势、内部化优势以及区位优势③。邓宁（Dunning，1977）认为企业只有同时具备这三种优势时，才会采取对外直接投资的跨国经营模式，否则会选择通过国际贸易进入国际市场。因为这一理论综合了之前理论的主要思想，因此被称为国际直接投资理论的"通论"。

小岛清的边际产业扩张论则认为一国产业向其他国家转移的依据完全是根据比较优势，当该产业在本国具有比较优势时，企业会选择在本国投资生产，而当该产业在本国不具有比较优势时，企业则选择向具有

---

① VernonR. International investmentand international trade in the product cycle［J］. The Quarterly Journal of Economics，1966，80（2）：190 – 207.

② Buckley P J，CassonM C. The future of themultinational enterprise［M］. London：Macmillan，1976：167 – 172.

③ Dunning JH. Trade，location of economic activity and the MNE：a search for an eclectic approach，the international a-llocation of economic activity［M］. London：Macmillan，1977：395 – 418.

比较优势的国家进行投资生产，而这种丧失了比较优势并被转移到别的国家的产业被称为"边际产业"①。边际产业扩张论实际上是比较优势理论在国际直接投资领域的应用。

从以上论述中不难看出，传统的对外直接投资理论主要研究的是对外直接投资的基础条件和对外直接投资的动因，而具备某种优势是企业开展国际直接投资的基础条件，获取特定优势也是企业开展国际直接投资的主要动因。这一理论主张主要是因为传统的对外直接投资理论主要以发达国家的对外直接投资实践为研究对象，较多的是对发达国家的对外直接投资实践进行解释和指导，对新近出现的广大发展中国家的对外直接投资的解释力较弱。

当然到20世纪80年代，经济学家对发展中国家的对外直接投资也开展了一系列研究，对发展中国家的对外直接投资行为进行了理论解释。威尔斯（Wells，1983）通过对产品生命周期理论的拓展，发现产品生命周期的"尾部"可以对发展中国家的对外直接投资具有同样的解释力②。劳尔（Lall，1983）则提出局部技术变动理论，他通过引用阿特金森和斯蒂格利茨（Atkinson & Stiglitz，1969）③、纳尔逊和温特（Nelson & Winter，1982）④ 的技术变动概念，不仅能对先进国家的技术进行简单模仿，也可以通过对先进技术的局部环节进行大幅度调整以获取整体技术⑤。坎特维尔（Cantwell，1991）综合了上述两位学者的思想，提出了技术累积理论，他认为随着对外直接投资进程的开展，产品生命周期将不再起作用，其作用的将是后发国家的对外直接投资经验、

① 小岛清. 对外贸易论 ［M］. 周宝廉，译. 天津：南开大学出版社，1987.

② Wells, L. T. Jr, 1983：Third World Multinationals, Cambridge, Massachusetts：MIT Press.

③ Anthony B. Atkinson and Joseph E. Stiglitz, A New View of Technological Change, The Economic Journal, Vol. 79, No. 315（Sep. ，1969），pp. 573 – 578.

④ Richard R. Nelson and Sidney G. Winter. 1982. An Evolutionary Theory of Economic Change. Cambridge, Massachusetts：The Belknap Press of Harvard University Press.

⑤ Lall, S. （1983）. The new multinationals. New York：Wiley.

通过对外直接投资获得的技术累积①。

这些对外直接投资的理论尽管可以部分程度地解释发展中国家的对外直接投资行为，但这些理论均将发展中国家的对外直接投资看成一种顺周期的自然行为，并未能够为发展中国家通过主动的对外直接投资获取国际先进技术提供有益的启示。

二、技术寻求型 OFDI 的理论研究

随着经济全球化进程的推进，广大发展中国家也逐步开展对外直接投资，发展中国家的对外直接投资有着与发达国家截然不同的特征，最典型的特征是发展中国家的对外直接投资不具备如发达国家一样的比较优势，这些传统的对外直接投资理论不再具有解释力，因此需要新的对外直接投资理论的出现。理论界对技术获取型对外直接投资的研究为发展中国家的对外直接投资提供了重要的理论依据，也为发展中国家接近和获取国际先进技术提供了理论指导。最早对技术获取型对外直接投资开展理论研究的是富奥斯福瑞和门特（Fosfuri & Motta，1999），卑尔根和埃克尔（Bjorvatn & Eckel，2006）等进一步发展了富奥斯福瑞和门特（1999）的理论模型，为技术寻求型对外直接投资找到了理论基础。

富奥斯福瑞和门特（1999）通过建立一两个国家、两个企业以及一种产品的古诺博弈模型，分析了在存在技术外部性的条件下，技术落后国家向技术先进国家的直接投资行为②。根据富奥斯福瑞和门特（1999）的分析，当生产某一产品的生产技术具有正的外部性，同时这种正的外部性受到地理边界的限制时，对外直接投资将会成为技术落后国家的企业获取先进技术的战略选择。相对于技术落后企业所选择的通

---

① Cantwell, J. A., 1991：/A survey of Theories of International Production0，in Christos, N. P., and Roger, S., eds., The Nature of the Transnational Firm, London：Routledge.

② Fosfuri, A., Motta, M., 1999, MultinationalsWithout Advantages, Scandinavian Journal of Economics 101（4），617–630.

过对外直接投资获取先进技术的策略，技术先进的企业将会选择在本国生产，以减少先进生产技术的外溢。而技术落后企业选择通过国际直接投资获取先进技术外溢的条件是先进技术具有正的外部性以及技术的外部性受地理边界的限制。在这种古诺竞争均衡中，技术落后企业在技术先进企业所在国家的投资收益包括两个部分，第一部分被富奥斯福瑞和门特（1999）称为"传统获益"（Traditional Component），第二部分被称为"外溢获益"（Spillover Component）。尽管从竞争优势来看，技术落后企业在对方国家处于劣势，很可能其传统获益为零，但当其通过技术外溢获取的外溢获益较高时，其仍然会选择继续在对方国家市场继续生产。但是富奥斯福瑞和门特（1999）模型存在两个重要的缺陷，一是该模型没有进一步揭示对外直接投资获取先进技术的作用机制；二是该模型仅仅将对外直接投资作为出口的唯一替代战略，而没有考虑其他途径。

卑尔根和埃克尔（2006）建立了与富奥斯福瑞和门特（1999）相类似的古诺竞争模型对技术获取型对外直接投资进行了理论分析。与富奥斯福瑞和门特（1999）模型相区别的是，卑尔根和埃克尔（2006）的模型不仅考虑技术落后企业的技术获取型对外直接投资，还同时考虑了技术先进企业的对策性对外直接投资（Strategic Investment），在技术外溢非常显著时，先进国家的企业为了保护本国的先进技术不被后进国家获取，会选择不通过国际贸易和向后进国家直接投资向后进国家输出产品，这样后进国家只有通过对先进国家直接投资才可以接近先进技术[①]。同时卑尔根和埃克尔（2006）的模型还假设生产技术存在双向的外部性，及落后国家的企业生产技术也可能向先进国家外溢。根据这一模型的分析，卑尔根和埃克尔（2006）指出，当技术外溢程度较高时，先进国家的企业会选择不在后进国家投资，而后进国家会选择通过在先进国家直接投资设立企业以获取技术外溢。而当技术外溢程度较高时，先进

---

① Kjetil Bjorvatn & Carsten Eckel, 2006. "Technology Sourcing and Strategic Foreign Direct Investment," Review of International Economics, Wiley Blackwell, vol. 14 (4), pages 600 – 614, 09.

国家企业会选择对策性对外直接投资，以避免本国先进技术单向地向落后国家外溢。与富奥斯福瑞和门特（1999）的模型相类似的，卑尔根和埃克尔（2006）的理论模型也没有揭示对外直接投资获取先进技术的作用机制。

我国学者也对技术学习型直接投资进行了常识性的研究，代表性的有冼国明和杨锐（1998）、马亚明和张岩贵（2003）。冼国明和杨锐（1998）认为发展中国家的"逆向直接投资"是生命周期理论和特定优势理论所无法解释的，这种"逆向直接投资"的目的并不是利用现有优势，也不是为了扩大某种优势，而是为了学习先进技术，他们将这种投资定义为"技术学习型"直接投资①。他们指出，尽管从短期来看，技术学习型直接投资可能是亏损的，但技术学习型直接投资可以加快发展中国家技术积累的进程，从而实现与技术领先者在国际市场的争夺。马亚明和张岩贵（2003）则发展了一个与富奥斯福瑞和门特（1999）相类似的古诺博弈模型，论证了发展中国家通过技术获取型对外直接投资在地理边界上向国际先进技术靠近，从而实现技术积累和赶超的可能性，为发展中国家通过对外直接投资获取先进技术提出了理论指导②。

三、技术寻求型 OFDI 的实证证据

相对于理论分析，技术寻求型对外直接投资实证研究的开展要早得多。

最早为技术寻求型对外直接投资找到实证证据的是考古特和赞德（Kogut & Chang，1991），他们利用 1976～1987 年日本对美国的直接投

① 冼国明，杨锐. 技术累积、竞争策略与发展中国家对外直接投资［J］. 经济研究，1998（11）：56－62.

② 马亚明，张岩贵. 技术优势与对外直接投资：一个关于技术扩散的分析框架［J］. 南开经济研究，2003（4）：10－14.

资数据，研究发现美国的研发强度与日本对美国的直接投资以及日本企业的研发强度之间存在显著的正相关关系，从而界定在这个阶段日本对美国的直接投资具有显著的技术寻求特征①。同时他们的研究还发现，在日本企业与美国企业存在显著的技术比较劣势时，日本企业会选择进入美国本土直接投资以接近美国的先进技术。

布兰斯特（Branstetter，2000）利用另一个指标——技术专利的引用，分析了日本对美国的直接投资，实证研究发现日本对美国的直接投资不仅使得日本企业对美国本土存在技术外溢现象，也存在美国企业对日本企业的技术外溢②。因此，得出结论认为日本对美国的直接投资具有技术寻求特征。

冯（Van，2001）利用13个工业化国家之间的相互投资与贸易数据对技术流动进行了实证研究，分析了技术溢出的三种渠道——引进外资、对外贸易以及对外直接投资，结果发现对外贸易和对外直接投资对以全要素生产率衡量的技术进步的促进效应为正，而引进外资的技术进步效应为负，从而说明工业化国家之间的投资以技术获取为主要目的，而引进外资的主要作用并不是为了获取对方的先进技术③。

奈杰尔和詹姆斯（Nigel & James，2003）利用英国制造业产业层面的数据研究发现，技术寻求型对外直接投资在英国同样存在，且英国在1984~1992年利用制造业的技术寻求型对外直接投资获取了国外的逆向技术溢出，促进了本国的技术进步④。

---

① KogutB，Chang S. Technological capabilities and Japanese foreign direct investment in the United States [J]. The Review of Economics and Statistics，1991，73：401－413.

② Branstetter. Is foreign investment a channel of knowledge spillovers? Evidence from Japan's FDI in the United States [J]. NBER Working Paper8015，2000.

③ Bruno van Pottelsberghe de la Potterie，Frank Lichtenberg. Does foreign direct investment transfer technology across borders? [J]. The Review of Economics and Statistics，2001，83（3）：490－497.

④ Nigel Driffield，Love J H. Foreign direct investment，technology sourcing and reverse spillovers [J]. The Manchester School，2003，71（6）：659－672.

第二节　逆向技术溢出研究

正如之前的论述，仅仅从理论和实证的角度证明技术获取型对外直接投资的存在并不足以指导后发国家利用对外直接投资促进本国技术进步，而只有搞清楚先进技术在国际间的传递渠道和机制，才能够有效指导后发国家通过特定渠道获取国际先进技术。因此我们需要结合国际之间技术外溢的机制进行研究。

一、国际技术外溢的其他渠道

技术外溢是技术外部性的一种体现，技术外溢的渠道包括物化的以及非物化的，非物化的技术外溢是指通过非物化手段发生的知识传播，较为常见的途径包括国际会议、技术交流、自然人流动以及间谍活动等，由于这种技术外溢具有隐秘性，较难以进行深入的理论研究，当前的学术界主要的研究领域为物化的技术外溢。物化的技术外溢渠道主要包括吸引外资（FDI）、对外直接投资（OFDI）、进口以及出口（王英、刘思峰，2008）[1]。

首先引起学术界关注的是出口贸易的外溢效应。费德（Feder，1983）通过一个两部门模型并结合跨国数据研究发现，出口对经济增长具有两种效应——外部经济效应和要素生产率差别效应[2]。前者是指出口部门具有比非出口部门更高的生产效率和更好的基础设施，而这些对非出口部门都会有正的外部性；后者是指出口具有更高的边际收益，从

---

① 王英，刘思峰．国际技术外溢渠道的实证研究［J］．数量经济技术经济研究，2008（4）：153－161．

② Gershon Feder（1982），On exports and economic growth［J］．Journal of Development Economics，12（2）：59－731．

而促使其他部门的资源向出口部门流动，实现资源的更有效配置。莱文和劳特（Levin & Raut，1999）利用30个半工业化发展中国家的样本数据，实证研究发现发展中国家初级产品出口比重对经济增长的贡献为负，而工业支撑品出口比重对经济增长的贡献为正，从而得出结论认为，发展中国家出口贸易的技术外溢是通过工业制成品实现的[1]。但出口贸易作为技术外溢的一种渠道，其对技术进步的贡献并未得到学术界的普遍认可。

科和惠而浦曼（Coe & Helpman，1995）首创的利用国际 R&D 回归方法，将进口的中间产品对本国全要素生产率的贡献考虑进分析框架，结果发现，本国的全要素生产率不仅受到本国研发资本的促进，也受到国际研发资本的促进[2]。这一回归方法也成为研究国际技术外溢问题最为常用的模型，即 CH 模型。根据 CH 模型的研究结论，科和惠而浦曼认为通过进口的中间产品，母国获取了国际技术外溢，从而促进了本国的技术进步。伊顿和克特姆（Eaton & Kortum，1996）利用 OECD 的数据研究发现，在 OECD 内部存在显著的相互之间的技术外溢，其他 OECD 成员通过进口贸易从美国、日本、德国获得了显著的技术外溢，甚至美国本身也通过进口的技术溢出获取了国际先进技术[3]。哈库拉和简默特（Hakura & Jaumotte，1999）则以发展中国家为研究对象，发现进口贸易的技术外溢是发展中国家获取国际先进技术的主要渠道[4]。

相对于通过进出口贸易实现的国际技术外溢研究，吸引外资（FDI）实现的国际技术外溢在学术界引起的关注要广泛得多。芬德莱（Find-

---

① Levin, A1 and L1K1 Raut（1999），Complementarities between export and human capital in economic growth: evidence from the semi industrialized countries, Economic Development and Cultural Change, 46, 155 – 1741.

② Coe, D1T1, and E1 Helpman（1995），International R&D Spillovers ［J］. European Economic Review, 39（5）: 859 – 8871.

③ Eaton, J. and S. Kortum. Trade in Ideas: Patenting and Productivity in the OECD. Journal of International Economics, 1996, （40）: 251 – 278.

④ Hakura, D. and F. Jaumotte. The Role of Inter-and Intra-Industry Trade in Technology Diffusion. IMF Working Paper, 1999, No. WP/58.

lay，1978）认为，外资在东道国设立的企业相对于东道国的国内企业具有更高的生产效率和更完善的管理经验，这些外资企业会通过"示范效应"将这些生产技术和管理经验向东道国的国内企业传递①。其中，在发达国家之间通过 FDI 实现的技术外溢比较普遍地通过了实证检验，凯夫斯（Caves，1974）、克鲁伯曼（Cloberman，1979）、布兰斯特（Branstetter，2001）通过对发达国家之间的直接投资数据的实证检验均发现，流向发达国家的直接投资对东道国产生了正的技术外溢。但是对于流向发展中国家的 FDI 是否对东道国产生了技术外溢，现有文献并没有得到较为一致的结论②。

从现有研究来看，通过国际贸易和吸引外商直接投资可以接近和获取国际先进技术，并促进本国的技术进步。但是以国际贸易和吸引外资获取国际先进技术具有被动性，即一国企业很难越过比较优势而跳跃地选择参与国际贸易的产品，也很难吸引到逆比较优势的外商直接投资。

二、逆向技术溢出研究

与通过对外贸易和吸引外资获取国际先进技术不同，通过对外直接投资获取的逆向技术溢出为母国企业提供了更为充分的主动性，即技术后进国家及其企业在选择技术获取型对外直接投资时，不需要受比较优势的约束，而完全可以根据本国和本企业所需要的技术作为决定是否采取对外直接投资的依据。富奥斯福瑞和门特（Fosfuri & Motta，1999）的理论模型就揭示了这一道理。他们的理论分析发现，技术落后国家的企业在进行技术获取型对外直接投资时，尽管从比较优势的角度来看，本国在东道国投资设立的企业不能够获得较好的市场，但通过接近东道

---

① Findlay. Relative backwardness, foreign direct investment and the transfer of technology: a simple dynamic model. Quarterly journal of economics，1978，2：2 – 16.

② 赖明勇，包群．关于技术外溢与吸收能力的研究综述［J］．经济学动态，2003（8）：75 – 79.

国的现金技术获取的反向外溢收益可以弥补因逆比较优势而造成的损失。随后富奥斯福瑞和门特（2001）利用一个改进的模型分析了通过对外直接投资实现的技术外溢的途径——人员流动。该模型揭示出对外直接投资的东道国与母国之间通过人员流动实现技术溢出的机制，从而打开了技术外溢的"黑匣子"[1]。

波特瑞和里茨伯格（Potterie & Lichtenberg, 2001）通过对科和惠而浦曼（1995）研究进口贸易的技术溢出的模型加以修正，加入了引进外资和对外投资变量后，实证研究发现进口贸易和对外投资对母国技术进步存在促进作用，而引进外资对本国技术进步没有促进作用[2]。这一修正的 CH 模型也成为之后很多学者研究对外投资逆向技术溢出的重要实证模型，被称为 L – P 模型。德里菲尔德和勒夫（Driffield & Love, 2003）、李赫（Gwanghoon Lee, 2006）利用英国等发达国家之间的直接投资实证研究均发现对外直接投资对母国存在显著的技术外溢现象[3][4]。

很多经济学家也发现发展中国家可以通过对外直接投资获取逆向技术溢出。贾菲等（Jaffe et al., 1993）认为发展中国家利用有限的对外直接投资资源集中于技术禀赋密集的国家和地区，其从对外直接投资中获取的反向技术溢出将较为丰富，反之则不利于本国获取逆向技术溢出[5]。劳尔（Lall, 1995）也发现发展中国家对外直接投资规模与本国技术能力之间存在正相关关系[6]。

---

① Fosfuri, A., Motta, M., Rønde, T., 2001, Foreign Direct Investment and Spillovers Through Workers' Mobility, Journal of International Economics 53, 205 – 222.

② Bruno van Pottelsberghe de la Potterie, Frank Lichtenberg. Does Foreign Direct Investment Transfer Technology across Borders? [J]. The Review of Economics and Statistics, 2001, (3).

③ Driffield N, Love J H. Foreign Direct Investment, Technology Sourcing and Reverse Spillovers [J]. The Manchester School, 2003, (6).

④ Gwanghoon Lee. The Effectiveness of International Knowledge Spillover Channels [J]. European Economic Review, 2006, (8).

⑤ Jaffe A, Trajtenberg M, Henderson R. Geographic Localization of Knowledge Spillovers as Evidenced by Patent Citations [J]. Quarterly Journal of Economics, 1993, (3).

⑥ Lall Sanjaya. Industrial Strategy and Policies on Foreign Direct Investment in East Asia [J]. Transnational Corporations, 1995, (2).

但是不论是发达国家还是发展中国家，其利用反向技术溢出的效果不仅取决于本国的对外直接投资规模，更依赖于本国的技术吸收能力。伯仁斯坦等（Borensztein et al.，1998）发现只有母国在人力资本积累达到"门槛值"的时候，对外直接投资才能对本国技术进步产生显著的外溢效应①。戈尔格和格里纳韦（Gorg & Greenaway，2004）研究发现 2003 年之前的发展中国家对外直接投资并没有显著的逆向技术溢出现象，他们将其原因归结于发展中国家的技术吸收能力并未达到"门槛值"②。

第三节 国内研究现状

一、我国对外直接投资的动因研究

随着我国对外直接投资的扩张，国内学者对我国对外直接投资的动因也开展了广泛的研究，当前国内学术界对我国对外直接投资的动因定位基本包括：

（一）政策驱动的观点

这种观点认为，中国的对外直接投资是受政府政策的驱动，而缺乏企业的获利动机。陈漓高、张燕（2007）依据产业地位划分法，将中国的产业划分为四个集群，而在利用这种产业地位划分法分析中国对外直接投资产业选择时，发现政府在对外直接投资中扮演了重要角色，而中国对外直接投资产业地位的变化也得益于政府出台的一系列政策和制

---

① Borensztein E, De Gregorio J, Lee J – W. How Does Foreign Direct Investment Affect Economic Growth? [J]. Journal of International Economics, 1998, (1).

② Gorg H, Greenaway D. Much Ado about Nothing? Do Domestic Firms Really Benefit from Foreign Direct Investment? [J]. World Bank Research Observer, 2004, (2).

度①。阎大颖、洪俊杰、任兵（2009）则利用中国企业微观数据进行实证考察，发现政府的政策扶持对企业的对外投资决策有显著的促进作用②。

（二）经济发展阶段论

这种观点认为，我国对外直接投资应当跟自身的经济发展阶段相适应。高敏雪、李颖俊（2004）将对外直接投资与经济发展阶段相适应分成四个阶段：较少接受外资阶段、吸收外资和较少对外投资阶段、对外投资和吸收外资共存阶段及对外投资超过吸收外资阶段③。根据他们的分析，与经济发展阶段相适应，中国当前应当处于净对外投资额为负，但对外投资额相对吸收外资额下降的阶段。但实证考察的结果与之并不相符，他们给出的解释是中国对外资的吸引力过大。张为付（2008）的研究也认为我国对外直接投资时经济发展阶段的必然结果，根据其实证考察，我国经济增长是对外直接投资的格兰杰原因，但反之则不成立，因此他建议增加对外投资，以适应经济发展的阶段需要④。

（三）资源与市场寻求论

这种观点认为，我国对外直接投资的主要动因是寻求包括能源在内的自然资源和利用东道国的市场空间。这种观点因为有强大的实证考察结论作为支撑，在学术界得到较为普遍的认可。裴长洪、樊瑛（2010）的研究发现，中国对外直接投资中，资源输入型的比重较大，在2008年世界金融危机之前，中国资源输入型的对外投资占比为45%，而金融危机之后，资源输入型对外投资提高到85%⑤。李猛、于津平（2011）利用我国对外直接投资的国际面板数据和动态面板回归的方法实证考察

① 陈篱高、张燕. 对外直接投资的产业选择 [J]. 世界经济, 2007 (10): 28 – 38.
② 阎大颖, 洪俊杰, 任兵. 中国企业对外直接投资的决定因素: 基于制度视角的经验分析 [J]. 国际商务, 2009 (12): 135 – 142.
③ 高敏雪、李颖俊. 对外直接投资发展阶段的实证分析 [J]. 管理世界, 2004 (1): 55 – 61.
④ 张为付. 中国对外直接投资与经济发展水平关系的实证研究 [J]. 南京大学学报 (哲学人文社会科学), 2008 (2): 55 – 65.
⑤ 裴长洪, 樊瑛. 中国企业对外直接投资的国家特定优势 [J]. 中国工业经济, 2010 (7): 45 – 54.

发现，我国对外直接投资与东道国的自然资源禀赋和市场规模存在显著的正相关关系①。刘阳春（2008）利用问卷调查的方法对我国企业的对外投资动机进行了考察，发现中国企业对外投资的动因中，实施公司扩展和市场寻求是最为主要的动因。此外，还包括自然资源寻求、技术寻求和客服贸易壁垒的动因②。

（四）价值链延伸论

姚枝仲、李众敏（2011）认为，我国对外直接投资不同于西方国家的产业转移型，也不同于一般发展中国家的技术寻求型，因为我国有自己的产业梯度，边际产业可向国内其他地区转移③。我国的对外直接投资是为了向上延伸产业价值链。他们认为，我国在国际分工中所处地位为加工环节，而在上游环节的技术并没有优势，因此企业选择向产业链上游延伸可以有效降低成本，实现自身在全球价值链中的地位提升。

（五）出口替代论

这种观点认为，我国企业开展对外直接投资是为了替代出口，而由出口转向对外直接投资的原因可能是因为贸易成本的增加——张天顶（2008）通过一个理论模型分析了我国企业对外投资与出口之间的战略选择，发现在出口成本较高时，企业会选择通过对外投资实现其产品的市场国际化④；也可能是因为规避贸易壁垒——杜凯、周勤（2010）认为，当前西方国家贸易壁垒的盛行，是促成中国企业进行对外直接投资的主要因素。他们通过一个理论模型并利用中国对外投资行业面板数据的实证回归证明了这一观点⑤。马光明（2010）通过中日对外直接投资

---

① 李猛，于津平. 东道国区位优势与中国对外直接投资的相关性研究［J］. 世界经济研究，2011（6）：63－74.

② 刘阳春. 中国企业对外直接投资动因理论与实证研究［J］. 中山大学学报（社会科学版），2008（3）：177－184.

③ 姚枝仲，李众敏. 中国对外直接投资的发展趋势与政策展望［J］. 国际经济评论，2011（2）：127－140.

④ 张天顶. 出口、对外直接投资与企业的异质性研究［J］. 男方经济，2008（3）：18－25.

⑤ 杜凯，周勤. 中国对外直接投资：贸易壁垒诱发的跨越行为［J］. 南开经济研究，2010（2）：44－63.

的比较分析发现，中国通过对外直接投资可以有效规避当前的贸易保护主义，实现我国经济的持续发展①。但马光远也指出，通过对外直接投资实现贸易保护的规避只是一种手段，并非全部。代中强（2008）也认为，我国对外直接投资的主要动因是规避贸易壁垒，而技术获取型对外直接投资在我国并没有出现②。

（六）综合论

以上对我国对外直接投资动因的分析都只是针对我国整体的对外直接投资活动，而实际上从微观上对我国企业的对外直接投资进行考察会发现，我国企业对外直接投资有着不同的动机和目标。张为付（2006）就将我国企业对外直接投资分为市场保护寻求型、低成本寻求型、技术接近和效益寻求型、全球发展战略寻求型，以及政府优惠政策寻求型，并对不同动因的对外直接投资提出了不同的区位选择建议。

二、我国OFDI的逆向技术溢出效应研究

（一）我国技术寻求型对外直接投资研究

相对于发达国家的技术获取型对外直接投资和逆向技术溢出研究，我国学者所开展的研究起步较晚，而直接针对我国对外直接投资逆向技术溢出的研究更是显得不足。当前我国学者开展的技术寻求型对外直接投资主要包括：

李蕊（2003）通过对部分制药业和电子业跨国公司所做的案例分析发现，跨国公司通过跨国并购，实现了企业资源的全球整合，接近和获取了本行业的核心技术，提升了本企业的技术水平③。李蕊（2003）进而认为我国企业也可以在条件成熟时通过跨国并购实现对先进技术的接

① 马光远. 促进对外直接投资应对当前贸易保护主义 [J]. 财贸经济, 2010 (6): 73-81.
② 代中强. 中国企业对外直接投资的动因研究 [J]. 山西财经大学学报, 2008 (11): 29-35.
③ 李蕊. 跨国并购的技术寻求动因解析 [J]. 世界经济, 2003 (2): 19-24.

近和获取，提高我国的技术水平。

江小涓（2006）进一步认为当前大量科技资源在全球范围内流动和重组，而我国也已经具备利用全球科技资源的实力，利用全球科技资源提升自身技术水平的时机也已经形成，我国企业应该通过跨国并购和重组利用国际先进技术实现我国自主创新能力的形成①。

薛求知、朱吉庆（2007）利用复旦大学与 IBM 中国商业价值研究院的联合调查数据分析认为，中国企业对外直接投资的主要动因是学习先进技术和管理理念，以增强其在国内的竞争力②。

白洁（2009）认为相对于技术获取型的贸易和引进外资而言，技术获取型对外直接投资更具有主动性和针对性，因此主张我国企业通过技术获取型的海外投资来获取先进技术③。但他同时指出，我国当前的技术获取型对外直接投资存在经验缺乏、管理落后以及自身技术水平的限制，应通过加强学习和政策引导来解决。

陈小文（2007）发现发达国家之间和发展中国家之间的水平投资都实现了较好的技术寻求目标，而发达国家向发展中国家的直接投资比发展中国家向发达国家的直接投资更好地实现了技术寻求的目标。但陈小文仍然指出，发展中国家仍然具有通过对外直接投资实现技术获取目标的可能，因此她建议中国应该通过增加对外直接投资的规模和强化对外直接投资的技术寻求动机来实现通过对外直接投资的技术获取④。

（二）我国 OFDI 的逆向技术溢出研究

国内学者对于我国对外直接投资逆向技术溢出效应的研究则较为丰富些，最具代表性的是赵伟等（2006）和李梅等（2012），包括邹玉娟

---

① 江小涓. 利用全球科技资源提高自主创新能力 [J]. 求是，2006（7）：38–40.

② 薛求知，朱吉庆. 中国对外直接投资的理论研究与实证检验 [J]. 江苏社会科学，2007（4）：65–70.

③ 白洁. 中国企业的技术寻求型海外投资战略分析 [J]. 中国科技论坛，2009（4）：26–29.

④ 陈小文. 技术寻求型对外直接投资和中国企业的跨国经营 [J]. 南京财经大学学报，2007（1）：18–22.

（2008）、汪斌等（2009）、周游（2009）、龚艳萍等（2009）、白洁（2009）、刘明霞等（2009）、阚大学（2010），他们的实证研究结果均证明我国的对外直接投资具有显著的反向技术溢出。赵伟、古广东、何元庆（2006）最先对我国对外直接投资的逆向技术溢出进行了试探性的实证考察，认为我国对外直接投资通过研发经费分担机制、海外研发成果反馈、逆向技术转移以及外围技术研发剥离机制对我国国内技术进步产生正的贡献，而他们试探性的实证考察也支持这一构想①。

白洁（2009）通过对 LP 模型的修正，建立一个双对数模型，并利用测算的我国 TFP 表示的我国技术进步状况作为因变量，对对外直接投资对我国技术进步的贡献做了实证检验，结果显示对外直接投资对我国技术进步存在正的贡献，但在统计上不显著。白洁将其原因归结为我国当前的对外直接投资技术寻求比重较低和海外投资产业选择的不合理②。

刘明霞和王学军（2009）通过对我国省际面板数据的实证考察发现，我国的对外直接投资存在显著的反向技术溢出，但存在地区差异，东部的对外直接投资相对于中西部具有更显著的反向技术溢出③。他们将原因归结为东部地区的技术获取动机更加明确，且东部具有更好的技术基础。

刘明霞（2009）进一步利用我国的总专利、发明、实用新型以及外观设计所衡量的技术创新省际面板数据进行了实证考察，发现我国的对外直接投资对总专利、发明以及实用新型存在短期的技术外溢，而长期内只对外观设计存在正的技术外溢④。同时这种技术外溢存在着显著的地区差异，对东部的技术外溢较中西部更为显著。

① 赵伟，古广东，何元庆. 外向 FDI 与中国技术进步：机理分析与尝试性实证 [J]. 管理世界，2006（7）：53-60.

② 白洁. 对外直接投资的逆向技术溢出效应 [J]. 世界经济研究，2009（8）：65-69.

③ 刘明霞，王学军. 中国对外直接投资的逆向技术溢出效应研究 [J]. 世界经济研究，2009（9）：57-62.

④ 刘明霞. 我国对外直接投资的逆向技术溢出效应 [J]. 国际商务——对外经贸大学学报，2009（4）：61-66.

欧阳艳艳和喻美辞（2011）则对中国对外直接投资反向技术溢出的行业差异进行了实证考察①。他们利用曼奎斯特（Malmquist）指数法对我国分行业的技术进步状况进行指数化分解，并进行灰色关联度分析，结果发现第二产业的技术进步与对外直接投资关联度较强，而第三产业的关联度存在较大的行业差别。由此他们提出优化我国对外直接投资行业结构的建议。

三、我国 OFDI 逆向技术溢出的影响因素——基于吸收能力的研究

国内学者利用不同技术进步指标和不同层面的数据进行的实证考察已经为我国对外直接投资的逆向技术溢出找到了存在的充足证据，但不同实证研究的结果显示我国对外直接投资反向技术的显著程度并不相同，且在行业、地区层面存在显著的差别，根据众多学者的研究，其原因很可能是受到除对外直接投资规模之外的因素的影响。刘明霞（2010）的基于我国省际面板数据的实证研究发现，我国与东道国之间的技术差距就对我国对外直接投资的逆向技术溢出之间存在着显著的交互影响，且这种交互影响的非线性关系比线性关系拟合更好②。欧阳艳艳（2010）利用东道国的创新能力、我国的技术吸收能力以及技术传递渠道三方面数据对我国对外直接投资的反向技术溢出做了实证研究，结果发现东道国技术能力、我国技术吸收能力均对我国对外直接投资的反向技术溢出存在显著影响③。

而目前在众多影响我国对外直接投资反向技术溢出的因素中，最受

---

① 欧阳艳艳，喻美辞. 中国对外直接投资逆向技术溢出的行业差异分析 [J]. 经济问题探索，2011（4）：101 – 107.

② 刘明霞. 中国对外直接投资的逆向技术溢出效应——基于技术差距的影响分析 [J]. 中南财经政法大学学报，2010（3）：16 – 21.

③ 欧阳艳艳. 中国对外直接投资逆向技术溢出影响因素分析 [J]. 世界经济研究，2010（4）：66 – 71.

关注的无疑是吸收能力。

周春应（2009）用 R&D 人员、R&D 经费、金融发展、经济发展水平以及社会资本等作为衡量我国反向技术溢出的吸收能力，实证考察结果发现我国的技术吸收能力尚没有对我国 OFDI 的逆向技术溢出吸收产生促进作用①。李梅（2010）将我国人力资本和研发投入作为衡量我国技术吸收能力的指标，并利用我国对 11 个主要国家的直接投资数据，实证考察结果发现我国的对外直接投资存在显著的逆向技术溢出，且这种逆向技术溢出受到以我国研发投入和人力资本指标衡量的技术吸收能力的正向影响②。刘明霞和刘林青（2011）则利用我国的人力资本存量和与东道国的技术差距的数据做了类似研究，所不同的是，刘明霞和刘林青对我国的技术进步做了分解，实证结果发现我国对外直接投资对我国全要素生产率存在正的逆向技术溢出，而对我国的技术效率存在负的影响。进一步的研究还发现，在其他因素不变的情况下，技术差距变小时，我国对外直接投资反向技术溢出增强，人力资本增强时，反向技术溢出增强③。人力资本与技术差距同时作用时，只有技术差距较小时，人力资本才能促进反向技术溢出，因此提出同时提高技术差距与人力资本的政策建议。

陈岩（2011）的研究更为深入，他在内生增长理论的基础上建立一个 CH 模型，利用中国省际面板数据对我国对外直接投资反向技术溢出的吸收能力做了考察④。陈岩的实证研究结果发现，国外的研发资本通过我国的对外投资渠道反向外溢到我国，对我国的技术进步存在着显著

① 周春应. 对外直接投资逆向技术溢出效应吸收能力研究 [J]. 山西财经大学学报，2009（8）：47-52.

② 李梅. 人力资本、研发投入与对外直接投资的逆向技术溢出 [J]. 世界经济研究，2010（10）：69-75.

③ 刘明霞，刘林青. 人力资本、技术差距与 OFDI 逆向技术溢出效应 [J]. 中国地质大学学报（社会科学版），2011（5）：59-64.

④ 陈岩. 中国对外投资逆向技术溢出效应：基于吸收能力的分析视角 [J]. 中国软科学，2011（10）：61-71.

的促进作用，为我国对外直接投资逆向技术溢出的存在提供了新的证据。同时陈岩发现，我国对外投资的逆向技术溢出存在着显著的地区差异，他进一步利用我国省际的人力资本、技术差距、经济开放度和金融发展水平数据进行了实证考察，结果发现地区逆向技术溢出显著差异的重要原因是地区技术吸收能力的差异。较大的技术差距不利于我国反向技术溢出的吸收，而较高的人力资本积累、较好的经济开放政策以及完善的金融发展有助于我国反向技术溢出的吸收。

当前对我国逆向技术溢出吸收能力的众多研究中最为深入的是李梅和柳士昌（2012）。李梅和柳士昌利用一个扩展的 CH 模型，用我国省际面板数据和 GMM 估计方法，对我国对外直接投资的反向技术溢出做了分地区的实证考察，结果发现我国东部地区对外直接投资对全要素生产率、技术效率和技术进步均存在显著的促进作用，而中部和西部地区的对外直接投资则对全要素生产率、技术效率和技术进步则不存在显著的促进作用，甚至存在不显著的负面影响[①]。他们进一步对我国对外直接投资的反向技术溢出的技术吸收能力进行了"门槛值"的估计，结果发现对外直接投资的逆向技术溢出对技术吸收能力存在着显著的"门槛值"特征，只有技术吸收能力越过"门槛值"后，反向技术溢出才会在对外直接投资中显著出现。

第四节　对现有文献的简要述评

一、对技术寻求型 OFDI 的理论述评

传统的对外直接投资理论都是基于发达国家对发展中国家或者先进

---

① 李梅，柳士昌. 对外直接投资逆向技术溢出的地区差异和门槛效应 [J]. 管理世界，2012（1）：21–32.

国家对后发国家之间的直接投资实践，这些直接投资行为均是基于比较优势，而随着发展中国家对外直接投资的兴起，以及发达国家之间日益活跃的直接投资行为都日益显现出对外直接投资活动的新特征，而这些新特征显然是以"优势"论为代表的传统对外直接投资理论所不足以解释的，技术寻求型对外直接投资可以为这些新特征找到很好的理论解释。不论从理论分析来看，还是实证证据来看，技术寻求型对外直接投资对本国技术进步的促进作用都是存在的。但是，仅从理论和实证的角度去证明技术获取型对外直接投资的存在，或者证明技术获取目标的实现显然是不够的，这种研究仅仅提供了后发国家获取国际新技术的一种手段，而不能进一步指导后发国家较好地利用这种手段。因此我们需要结合技术寻求型对外直接投资对本国技术进步产生作用的机制——国际技术外溢来考察其作用机制。

二、对逆向技术溢出的理论述评

国外对技术溢出的研究开展较早，对技术外溢的渠道研究也比较完善。其中通过进口贸易和吸引外资实现的技术溢出已经得到学术界的认可，而出口贸易和对外直接投资实现的反向技术溢出并没有得到较为普遍的实证证据的检验。从理论上来看，对外直接投资活动相对于国际贸易和引进外资，母国在决策上更加具有主动性，因为吸引外资和国际贸易活动都是本国在比较优势的条件下被动地接受国际分工，母国可以实现的政策调整幅度实际上是非常有限的，而对外直接投资活动中，母国可以在产业、区位等方面进行完全自主的选择，通过合理选择对外投资的产业和目标区位，实现较好的反向技术溢出效果。因此，相对于国际贸易和引进外资，对外直接投资应该成为广大发展中国家最合理的接近国际先进技术的手段。当前对 OFDI 逆向技术溢出的研究较多的是将反向技术溢出看作一种"黑匣子"活动，而对反向技术溢出的具体机制，以及反向技术溢出的影响因素研究较少。在本书所研究的理论文献中，除较少文献将人员流动因素考虑进反向技术溢出的机制外（Fosfuri & Motta，2001），大部分理论研究并没有深入揭示反向技术溢出的内在机理。而对反向技术溢出的影响因素的分析也仅限于揭示"技术吸收能力"的作用，缺少对技术吸收能力之外的其他因素的分析。而对包括中国在内的广大发展中国家的关注更是不够。

三、对国内学者研究的简要述评

从现有文献来看，针对我国对外直接投资动因的研究较为广泛，我国对外直接投资动因在学术界的定位也比较丰富，主要包括资源和市场寻求、贸易壁垒规避、经济发展水平的要求、政策推动以及价值链的反向延伸等。总体来说，当前我国对外直接投资的技术寻求动机并不明确，技术寻求型对外直接投资在我国对外投资中占比较低，对我国技术寻求型对外直接投资的研究也并不充分。

国内学者对我国技术寻求型对外直接投资及逆向技术溢出的研究主要集中于逆向技术溢出的存在性证明、我国技术吸收能力的影响、以及产业选择的差别等方面，对逆向技术溢出的影响因素的研究也较多地集中于我国国内的技术吸收能力的影响。

四、本书的理论拓展

传统的对外直接投资动因理论均强调投资母国相对东道国的某种优势，这些对外直接投资动因理论强调一国的对外投资应该是基于本国与东道国之间的某种优势而自发产生的，因此传统对外直接投资动因可以被定为"优势利用"型的。而包括中国在内的广大发展中国家往往缺乏这种优势，因此根据传统理论，发展中国家不应该成为对外直接投资的主要发起者。当前中国迅速发展的对外直接投资实践却与这些传统理论的解释相悖。包括中国在内的发展中国家开展的对外直接投资显然并不是优势获取型的，传统的对外直接投资理论不仅对中国的对外直接投资无法做出较好的解释，也不能有效指导中国的对外直接投资实践。广大发展中国家的对外直接投资的动因可定义为主动的"优势获取"型动机。根据西方学者和我国学者的研究，发展中国家的对外直接投资与发达国家相区别，并不是为了利用现有优势，而是为了获取某种优势。我国学者认为我国的对外直接投资是为了获取资源、市场、产业链、规避贸易壁垒以及新技术等。在众多的投资动因中，最值得研究的是以接近新技术的"技术获取型"对外直接投资。与其他动因的对外投资相区别的是，技术获取型对外直接投资的目标达成受到的影响因素最为复杂，所受的影响也最为广泛，对技术获取型对外直接投资及其逆向技术溢出的研究在我国刚刚起步，还有很多值得深入完善的地方。

当前西方学者对技术获取型对外直接投资的研究主要是针对其存在性做了理论和实证的考察，在学术界反向技术的存在已得到较为普遍的认可。我国学者针对我国的技术获取型对外直接投资也开展了一系列研究。从前述的文献回顾中可以看出，国内学者对我国的对外直接投资的动因中技术获取的动因并不广泛认可，这与我国对外直接投资中技术获取动机的投资比重较低的现实是吻合的。但技术获取动因的对外投资比重较低这一现实是与我国经济发展现状相适应的，短期无法迅速增加这一比例，但我们对这一问题的思考可以采取另外一种思路，即如何利用现有有限的对外投资资源更好地获取逆向技术溢出。因此相对于逆向技术溢出在我国的存在性研究，逆向技术溢出的发生机制以及影响因素研究就显得更为必要。

当前国内学者对对外直接投资逆向技术溢出的研究主要还是考察存在性和基于母国吸收能力的影响研究，对逆向技术溢出的内在发生机制研究并不丰富，将影响因素从母国视角向东道国视角的延伸也不多。基于此，本书将首先利用一个内生增长的理论模型，考察对外直接投资逆向技术溢出的理论机制，为逆向技术溢出的发生找到内在机理；其次利用跨国面板数据考察逆向技术溢出的普遍规律，探寻较为普遍的逆向技

术溢出的吸收能力对逆向技术溢出的作用；再次将逆向技术溢出的影响
因素从母国向东道国延伸，探寻东道国特征对逆向技术溢出促进母国技
术进步的影响；最后为我国利用对外直接投资促进国内技术进步提出有
执行力的政策建议。

第三章

OFDI 逆向技术溢出机制研究

要通过对外直接投资获取逆向技术溢出，进而促进国内技术进步，首先需要对对外直接投资逆向技术溢出促进母国技术进步的内在机制进行深入分析。现有实证考察大多是为逆向技术溢出的存在进行直接的存在性证明，而较少揭示对外直接投资逆向技术溢出发生作用的内在机制。对这一内在机制的揭示，可以为我们进一步探寻逆向技术溢出的影响因素，从而更加合理地利用逆向技术溢出效应促进国内技术进步提供较好的理论指导。基于以上考虑，本章首先通过对内生增长模型的一个简单拓展，揭示对外直接投资逆向技术溢出的作用机制，并在此基础上通过跨国面板数据对这一机制的实际效用进行了实证考察。跨国面板数据的使用一方面可以弥补我国数据统计时期短、规模小而导致的实证考察效果弱的劣势，更为重要的是可以揭示逆向技术溢出的普遍规律。同时，针对当前我国经济增长中出口的重要地位，本章通过对（Hausman，2007）理论模型的简单拓展，考察了对外直接投资对出口部门的技术外溢效应，并通过我国省际面板数据进行了实证考察。

第一节　OFDI 逆向技术溢出的理论分析

一、模型的基本设定

与罗默（Romer，1990）相类似的，本书设定一国（以下称本国）经济中有三个部门：最终产品生产部门、中间产品生产部门以及研究与开发部门[①]。与罗默（1990）相区别，本书在"本国"之外，假设有另一生产技术更为先进的"外国"，在本国与外国之间可以实现资本和贸易的自由，但因为"外国"的技术管制，技术在国与国之间不能自由流通。本国经济系统的基本运行规律为研究与开发部门利用人力资本 H_N 以及现有技术水平生产出新的技术，并注册为专利（用 N 表示）出售给中间产品部门；中间产品部门通过投入专利 N 生产中间产品 X 并出售给最终产品生产部门；最终产品生产部门的投入为人力资本 H_Y 和资本 K 生产唯一的最终产品 Y。至此，我们知道本国的人力资本被分配到研究开发部门和最终产品部门，即 $H = H_N + H_Y$。资本 K 来自中间产品部门生产的中间产品。借鉴赖明勇等（2005）的做法，本书将中间产品分为两类，一类在国内生产，使用的是国内的技术，用 x_i 表示；另一类是本国企业在技术更为先进的外国（以下简称"外国"）进行直接投资，并利用外国的技术生产，用 x_j^* 表示。因此资本 $K = \int_0^N x_i di + \int_N^{N^*} x_j^* dj$。

最终产品生产函数表示为：

$$Y = AH_Y^\alpha \left[\int_0^N x_i^\beta di + \int_N^{N^*} x_j^{*\beta} dj \right] \tag{3.1}$$

---

① Romer P. M. , 1990, Endogenous Technological Change, Journal of Politic al Economy, 98, (71) 102.

其中 H_y 表示投入到最终产品部门的人力资本，x_i 和 x_j^* 分别表示在本国和在外国生产的中间产品，其中 x_i 的生产使用的是本国的生产技术，其生产技术用数量 N 表示；而 x_j^* 的生产则使用的是外国的生产技术，用数量 N^* 表示。在最终产品生产环节，中间投入品 x_i、x_j^* 之间是没有技术外溢的，即在最终品的生产过程中，本国与外国之间没有逆向技术溢出，逆向技术溢出仅发生在研究开发部门（见式（3.1））。$N^* >$ N 表示外国技术水平高于本国。本国的技术寻求型对外直接投资在国外投资设立工厂时，不会生产在本国也可以生产的中间产品，而只会选择生产国外技术比本国更为先进的中间产品，因此本国技术寻求型对外直接投资在国外生产的中间产品为 $\int_N^{N^*} x_j^{*\beta} dj$。本国企业的技术选择区间见图 3-1。

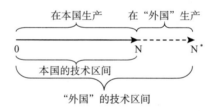

图 3-1 本国中间产品的技术选择区间

与赖明勇等（2005）分析引进外资获取先进技术的模型相区别，当本国企业"走出去"到技术先进的外国进行直接投资时，所生产的中间产品是为本国最终产品量身定制的，因此对于本国最终产品而言，使用本国企业在外国生产的中间产品不存在"有效率"，本书的 x_j^* 前没有有效率系数。同时与罗默（1990）相类似的，设定 α、β > 0，α + β = 1。

中间产品的生产采用线性生产函数，即假设中间产品生产商在购买研究与开发部门的生产技术后，每生产一单位的中间产品，刚好需要消耗一单位的最终产品。同时，假设所有中间产品的生产垄断的，即新的生产技术被任一中间产品生产商买断后，别的中间产品生产商就无法获取该项技术。同时假设所有国内生产的中间产品是对称的，国外生产的中间产品也是对称的。则中间产品生产函数可以表示为 $x_i = Y$，$x_j^* = Y^*$，从生产函数中可以看出，国内生产的中间产品使用的是国内的最终产品，而在外国生产的中间产品则使用的是外国的最终产品。

研究与开发部门的生产函数表示为：

$$\dot{N} = \delta H_N [N + G(R，H，O) \mu (N^* - N)] \qquad (3.2)$$

（3.2）式中 δ 表示本国研究开发部门的研发效率。μ 为本国对外直接投资反向技术溢出系数，μ 是对外直接投资额的增函数。G 是影响本国对外直接投资反向技术溢出的其他因素，G 是本国的研发投入 R、人力资本 H 以及对外开放度 O 的函数。注意研究开发部门的产出不是技术 N 本身，而是新技术即技术的增加量 $\dot{N}$。在封闭条件下，新技术的生产取决于投入研究与开发部门的人力资本 H_N 和现有技术水平 N，但在开放条件下，外国先进技术会通过贸易、投资等活动外溢到本国，并成为本国生产新技术的投入。与赖明勇等（2005）的做法相区别，同时借鉴易先忠等（2006）的做法，本书设定本国只对外国的先进技术即对（$N^* - N$）进行学习消化和吸收。同时，本书不考虑通过国际贸易和吸引外资获取的国外先进技术，只考虑通过技术获取型对外直接投资获取的国外先进技术对本国技术进步和经济增长的贡献。

与内生增长研究的普遍做法相类似，本书设定本国经济中有一个代表性家庭，其在时期（0，∞）的效用函数为常弹性效用函数：

$$U(C) = \int_0^\infty \frac{C^{1-\sigma} - 1}{1 - \sigma} e^{-\rho t} dt \qquad (3.3)$$

（3.3）式中 $\sigma > 0$ 为跨期替代弹性的倒数，$\rho > 0$ 为消费者的时间偏好。

二、市场均衡与比较静态分析

（一）各部门的市场均衡分析

假设最终产品和新技术的生产是完全竞争的，而中间产品生产商在获得新技术后是垄断的生产和销售中间产品。各部门的均衡分析如下：

1. 最终产品部门

设定最终产品价格为单位价格，即 $P_Y = 1$，投入到最终产品部门的人力资本报酬为 W_{H_Y}，在本国和外国生产的中间产品价格分别为 P_x 和 P_{x^*}，则最终产品部门的利润为：

$$\pi_Y = Y - W_{H_Y} \times H_Y - \int_0^N P_{x_i} x_i di - \int_N^{N^*} P_{x_j^*} x_j^* dj$$

根据最终产品部门的利润最大化，并将（3.1）式代入上式，可得（3.4）、（3.5）、（3.6）式：

$$W_{H_Y} = \frac{\alpha Y}{H_Y} \qquad\qquad (3.4)$$

$$P_x = A\beta H_Y^{\alpha} x^{-\alpha} \qquad\qquad (3.5)$$

$$P_x^* = A\beta H_Y^{a} x^{*-\alpha} \qquad\qquad (3.6)$$

2. 中间产品部门

根据前面的假设，本国最终产品价格单位化为1，而在本国生产的中间产品的投入为最终产品 Y。同时假设任一中间产品生产企业在技术市场购得新技术后，垄断生产和销售该技术所对应的中间产品。因此选择在本国生产中间产品的中间产品生产企业的利润为 $\pi_{x_i} = P_{x_i} x_i - x_i \cdot 1$，根据边际收益等于边际成本的利润最大化条件，可知在本国生产的中间产品商的垄断定价为：

$$P_x = P_{x_i} = \frac{1}{\beta} \qquad\qquad (3.7)$$

至此，本书的数理分析与赖明勇等（2005）是一致的。但"走出去"在技术先进国进行中间产品的生产，与直接进口中间产品或引进外资相比，所获得的中间产品对于国内最终产品的生产是量身定制的，不会存在"有效中间产品"[①]的问题。同时，在自由贸易条件下

---

① 参见赖明勇等. 经济增长的源泉：人力资本、研究开发与技术外溢 [J]. 中国社会科学，2005（2）：37.

和最终产品的竞争性假定条件下，外国最终产品与本国最终产品的价格应是一致的，因此，在国外生产中间产品的企业的利润为 $\pi_{x_j} = P_{x_j}$ $x_j^* - x_j^* \cdot 1$，根据利润最大化条件，可知在国外生产的中间产品的垄断定价为：

$$P_{x^*} = P_{x_j^*} = \frac{1}{\beta} \tag{3.8}$$

这一结论与赖明勇等（2005）所分析的外商投资企业所生产的中间产品价格并不一致，结合后面的理论推导，本书将进一步论述。

将（3.7）、（3.8）式代入（3.5）、（3.6）式可得：

$$\bar{x} = \bar{x}^* = A^{\frac{1}{\alpha}} \beta^{\frac{2}{\alpha}} H_Y \tag{3.9}$$

则根据（3.1）式，最终产品的均衡产出为：

$$Y = A H_Y^\alpha [N \bar{x}^\beta + N^* \bar{x}^{*\beta}] = A^{\frac{1}{\alpha}} \beta^{\frac{2\beta}{\alpha}} H_Y N^* \tag{3.10}$$

3. 研究与开发部门

假设研究与开发部门生产的专利技术以价格 P_N 出售给中间产品部门，投入到研究与开发部门的人力资本的报酬为 W_{HN}，则研究与开发部门的决策规划可以表示为：

$$\max \pi_{R\&D} = P_N \cdot \dot{N} - W_{H_N} \cdot H_N \tag{3.11}$$

将（3.2）式代入，并根据最大化条件，可得：

$$W_{H_N} = \delta P_N [N + G(R, H, O) \mu (N^* - N)] \tag{3.12}$$

长期来看，如果允许中间产品生产商自由进出中间产品市场的话，中间产品部门所获利润的贴现值应与专利技术价格相等，因为如果中间产品利润贴现值大于专利技术价格，则中间产品部门将获得超额利润，会有新的中间产品生产商进入市场，而相反的，若中间产品利润贴现值小于专利技术价格，则有中间产品生产商退出市场。因此有：

$$P_N = \int_0^\infty \pi_x(t) e^{-R(t)} dt \tag{3.13}$$

其中 $R(t) = \int_{\tau=0}^t r(\tau) d\tau$，表示在时期 $[0, t]$ 上以复利计算的利息，

则（3.11）式的右半边表示在时期［0，t］上中间产品部门利润的贴现值。若假设在时期［0，t］利率保持 r 不变，同时将前面中间产品部门的利润表达式及（3.7）式、（3.8）式代入，则（3.11）式可简化为：

$$P_N = \frac{1}{r}(P_{\bar{x}} - 1)\bar{x} = \frac{1}{r} \cdot \frac{\alpha}{\beta}\bar{x} \qquad (3.14)$$

式中 $P_{\bar{x}}$ 和 $\bar{x}$ 分别表示不考虑生产地点的中间产品价格和中间产品数量，而根据前面的计算，可知在本国和在外国生产的中间品价格和数量具有对称性。

4. 代表性家庭的均衡

根据式（3.3）的定义以及罗默（1990）的计算，代表性家庭在均衡状态下的消费增长率为：

$$g_C = \frac{\dot{C}}{C} = \frac{1}{\sigma}(r - \rho) \qquad (3.15)$$

在国内人力资本可以自由流动的条件下，人力资本在各部门所获得的报酬应该是相等的，即 $W_{H_Y} = W_{H_N}$，根据（3.4）、（3.10）以及（3.12）、（3.14）式可得：

$$\alpha A^{\frac{1}{\alpha}}\beta^{\frac{2\beta}{\alpha}}N^* = \frac{\delta}{r} \cdot \frac{\alpha}{\beta}\bar{x}\left[N + G(R, H, O)\mu(N^* - N)\right]$$

同时，代入（3.9）式，可得：

$$H_Y = \frac{rN^*}{\delta\beta\left[N + G(R, H, O)\mu(N^* - N)\right]} \qquad (3.16)$$

根据（3.2）式的定义，可得本国的技术进步率为：

$$g_N = \frac{\dot{N}}{N} = \delta H_N\left[1 + G(R, H, O)\mu(u - 1)\right] \qquad (3.17)$$

其中 $u = \frac{N^*}{N}$，表示本国与外国技术水平的绝对差距，u 越大，则本国与外国的技术差距越大。将这一定义代入（3.16）式，同时我们知道 $H = H_Y + H_N$，结合（3.16）式的关系，可以得到平衡增长路径上产出增长率 g_Y、消费增长率 g_C 和投资增长率 g_K 均等于技术进步率：

$$g_Y = g_C = g_K = g_N = \frac{H\delta[1 + G(R,\ H,\ O)\mu(u-1)] - \frac{\rho}{\beta}u}{1 + \frac{\delta}{\beta}u} \quad (3.18)$$

本书关注的是技术进步率，从（3.18）式，可以得出结论1。

结论1：在开放经济条件下，假设各国的最终产品在完全竞争的生产条件下实现价格均等化，则技术较为落后的本国的技术进步率是本国的人力资本 H、本国对外国先进技术的吸收能力 G、本国对外国的直接投资逆向技术溢出效率 μ、本国与外国的技术差距 u、本国研发效率 δ 的函数。

从（3.17）式来看，本书所得的稳态增长率与赖明勇等（2005）研究国际贸易与吸引外资对本国的技术外溢时所得的稳态增长率少了中间产品有效率的影响，这是因为本国企业在技术更为先进的外国设立工厂生产的中间产品，与通过贸易和吸引外资所获得的中间产品相比，同样使用的是外国的技术和人力资本，因此技术含量并无区别。而本国中间产品生产企业无论是在国内生产还是在外国生产，都将充分考虑本国最终产品的生产需要，所生产的中间产品都是为本国最终产品部门"量身定制"的，因此本国最终产品生产部门无须为这些中间产品做额外的机器、厂房乃至人员的变动，也就不会产生效率的损失。结合（3.8）式，可得结论2。

结论2：技术获取型对外直接投资在技术更为先进的"外国"设立工厂并为本国最终产品部门量身定制中间产品，相对于直接购买外资企业生产的中间产品，可以提高中间产品的有效比率，并有效降低中间产品的单位价格，从而降低利用国外先进技术的成本。这是对外投资促进本国技术进步的一个重要机制。

（二）比较静态分析

1. 对外直接投资反向技术溢出效率 μ 对本国技术进步率的影响

对（3.18）式进行简单的最优化计算就可以得出$\frac{\partial g}{\partial \mu} > 0$，因此有结论3。

结论3：对外直接投资逆向技术溢出效率对本国技术进步具有直接的促进作用。

根据前文的假设，对外直接投资反向技术溢出效率 μ 本身也受多种因素的影响，假设 μ 的函数形式表现为 $μ = μ(F, HC)$，其中 F 表示本国对外国的直接投资数额，HC 表示各种东道国特征，如东道国人力资本、研发投入以及制度因素等。一般来说，通过本国对外国直接投资的增加，本国中间品生产商可以利用的东道国技术、人力资本以及研发投入等也相应增加，从而可以更加有效地获取东道国技术，实现反向技术溢出效率的提高，即 $\frac{\partial μ}{\partial F} > 0$，结合结论3，我们很容易得出结论4。

结论4：增加本国对外国的直接投资数额，可以提高本国对外直接投资反向技术溢出的效率，从而提高本国的技术进步率。

μ 的另一重要决定因素是东道国（即本书模型中的"外国"）特征。东道国特征对本国 μ 的影响相对对外直接投资数额要复杂得多，因为东道国特征可能包括的变量是多重的，而不同的东道国特征变量最终对 μ 的影响都会不同。蔡冬青、周经（2012）利用中国对23个国家的直接投资的面板数据进行的实证研究发现，东道国人力资本和研发投入对中国的 μ 的影响显著为正。蔡冬青、刘厚俊（2012）通过中国对 OECD 国家的直接投资面板数据的实证研究，发现东道国不同制度特征变量对中国的 μ 的影响有差别。同时，东道国现有的技术水平对本国的反向技术溢出效率也会产生影响，这种影响最终会通过本国与东道国之间的技术差距表现出来，因此该变量本书在（3.18）式中的技术差距变量 u 中进一步分析，可以得出结论5。

结论5：东道国特征会影响本国对外直接投资的反向技术溢出效率，这种影响会因东道国特征变量的不同而有差异。

2. 本国技术吸收能力与反向技术溢出的交互作用

从（3.17）式可以很直观地看出 $\frac{\partial g}{\partial G} > 0$，再结合 G 是 R、H、O 等

的增函数，因此我们很容易得出以本国研发投入、人力资本以及对外开放度等衡量的技术吸收能力对本国的技术进步有直接的促进作用的结论。同时，如果考虑本国技术吸收能力与反向技术溢出的交互作用，用 $G_\mu = G \cdot \mu$ 表示这一变量，我们很容易得出 $\frac{\partial G_\mu}{\partial G} > 0$ 且 $\frac{\partial g}{\partial G_\mu} > 0$，即本国技术吸收能力与反向技术溢出的交互作用对本国技术进步有促进作用。由此，可以得到结论6。

结论6：本国对外直接投资的反向技术溢出受到以本国的人力资本、研发投入以及对外开放度衡量的技术吸收能力的正向促进。

3. 技术差距 u 与反向技术溢出效率 μ 的交互影响

从（3.17）式来看，$\frac{\partial g}{\partial u}$ 的符号并不确定，因此技术差距 u 对本国技术进步率直接影响并不确定，这与众多文献所研究的通过国际贸易和吸引外资获取国际技术外溢的结果是一致的。本书关注的是技术差距与反向技术溢出效率之间的交互作用对本国技术进步的影响。与以上的分析相类似，用 $u_\mu = \mu(u-1)$ 表示技术差距 u 与反向技术溢出效率 μ 的交互影响，注意式中用（u - 1）代替 u 并不会改变其符号，同时可以简化数学描述，则

（3.17）式可以转化为 $g = \dfrac{H\delta[1 + G(R, H, O)u_\mu] - \dfrac{\rho}{\beta}\left(1 + \dfrac{u_\mu}{\mu}\right)}{1 + \dfrac{\delta}{\beta}\left(1 + \dfrac{u_\mu}{\mu}\right)}$。注意通

过该式计算 $\frac{\partial g}{\partial u_\mu}$ 的符号也是不确定的，因此技术差距与反向技术溢出交互作用对本国技术进步的影响并不确定。通过简单计算可得 $\frac{\partial g}{\partial u_\mu} > 0$ 的条件是 $HG\mu > \dfrac{\rho + \delta}{\beta\delta}$，将不等式右边看成常数 n 的话，我们可以得出结论认为 u_μ 对技术进步的促进作用具有"门槛效应"，门槛值为 $HG\mu > n$。这一结论很容易解释，本国与东道国之间较高的技术差距，虽然可以为本国提供很好的"后发优势"，但如果本国在技术吸收能力、人力资本以及

对外直接投资反向技术溢出效率方面没有实现较好的对接的话，则这种"后发优势"很容易成为"后发陷阱"（寇宗来，2009）[①]，从而阻碍本国的技术进步。即得到结论7。

结论7：本国与东道国之间的技术差距对本国利用对外直接投资的反向技术溢出促进本国技术进步的作用并不确定，但如果本国的人力资本、技术吸收能力以及对外直接投资反向技术溢出效率的交互值达到"门槛"值以上，可以使得技术差距对本国对外直接投资反向技术溢出的作用变为正向促进。

4. 人力资本和研发效率对技术进步的促进

从（3.17）式很容易看出 $\frac{\partial g}{\partial H}>0$ 且 $\frac{\partial g}{\partial \delta}>0$，即本国人力资本积累和研发效率对技术进步有促进作用，这与目前大部分研究结论一致，本书不再展开论述。

第二节　OFDI 逆向技术溢出的微观机理

一、人员流动机制

技术要素与其他生产要素的一个重要区别是技术要素会随其载体——人员的流动而发生外溢，富奥斯瑞和门特（2001）通过一个博弈模型分析发现，当母国向东道国直接投资设立的企业为雇员提供的工资高于东道国本地企业时，东道国本地企业的雇员会向外资企业流动，这就使得东道国的技术有了向外资企业外溢的机会。促进东道国向母国技

---

① 寇宗来. 技术差距、后发陷阱和创新激励 [J]. 经济学（季刊），2009（1）：533 - 550.

术外溢的人员流动包括两个方面：第一是东道国国内企业向外资企业的人员流动。技术落后的母国企业在东道国直接投资设立分支机构以后，为了获取东道国的先进技术，可以为东道国雇员提供更富吸引力的薪酬、福利待遇等，东道国掌握先进技术的雇员会向外资企业流动，从而促进东道国先进技术向外资企业的外溢。即使流向这些外资企业的雇员是掌握先进技术的技术人员，随着他们的流动会形成直接的技术转移。即使流动的雇员仅是没有掌握先进技术的普通雇员，他们也会在东道国内资企业接受过职业培训，他们的流动也会带来东道国先进技术的外部性。第二是母国公司与海外分支机构之间的人员流动，这种人员流动属于母国公司内部流动，随着人员的流动会形成直接的技术转移。经过这两个方面的人员流动，可以促进东道国向母国的逆向技术外溢。逆向技术溢出的人员流动机制见图 3－2。

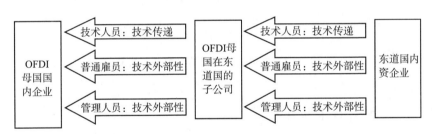

图 3－2　逆向技术溢出的人员流动机制

二、研发经费分担机制

研发经费分担机制主要包括三个方面的作用：第一，对外直接投资母国企业的研发经费主要用途除直接用于研发投入外，一个重要的用途是国际先进技术信息的搜寻和学习。当本国企业没有"走出去"时，母国企业为了调查国际先进技术的信息需要支付高昂的技术搜寻和学习成本，但当本国企业走出去在技术先进国开展直接投资后，母国企业在地理位置上会更加接近国际先进技术，可以节省大量的技术搜寻成本。第二,在技术先进国家所设立的分支机构可以利用东道国先进技术的正的外部性,并利用东道国人力资本和东道国国家的研发支持政策,从而实现东道国分支机构对母公司的研发经费分担。第三,母国企业走出去,在东道国投资设立分支机构,可以在地理位置上接近东道国市场,扩大母公司的市场规模,实现更好的规模经济效应,这也在一定程度上减少了单位产品的研发成本。逆向技术溢出的经费分担机制见图3-3。

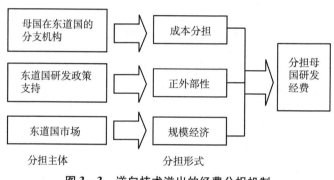

图3-3 逆向技术溢出的经费分担机制

三、逆向技术转移机制

与顺比较优势的对外直接投资相反,技术获取型对外直接投资是一种逆比较优势的投资,很多学者将这种直接投资称为"逆向直接投资"。逆向直接投资获取国际技术转移的主要手段包括跨国并购和合作研发。母国公司以获取东道国技术为目的的并购行为可以直接获取东道国公司的现有技术,将这种技术反向转移到母国公司总部可以使得国际先进技术直接为母国所用。但是这种以获取先进技术为目的的跨国并购需要母国企业具有很强的资金实力,大部分后发国家的企业是不具备这种实力的。但缺乏资金实力的母国企业还有另外一个较好的选择可以获取反向技术转移,即合作研发。合作研发是指母国企业与技术更为先进的东道国企业在新技术的开发环节进行合作，而不需要对研发环节之外的其他生产环节进行参与。这样就使得母国企业可以较深程度地接触国际先进技术，合作开发的新技术还可以直接转移回母国，为母国公司所用。逆向技术转移机制见图 3 - 4：

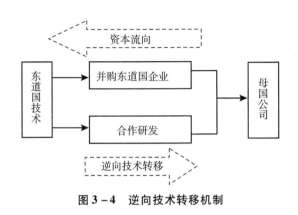

图 3 - 4　逆向技术转移机制

四、需求信息反馈机制

东道国较高的生产技术是母国对其进行直接投资的直接原因之一，但这种类型的直接投资并非总能够在东道国较为充分地接触其先进技术，从这一现实出发思考，技术获取型对外直接投资是很难获得逆向技术溢出的。然而根据林德的需求收入假说，一国参与国际贸易的商品技术是由本国的需求决定的，当本国具有更高的需求要求时，本国的生产技术水平也必然高于别国①。同样，技术落后国家的企业通过在技术先进国家投资设立分支机构，即使不能够直接接触东道国的生产技术，但可以在地理位置上接近东道国更为严苛的消费需求，母国跨国公司可以根据东道国消费需求开发更加符合其要求的新产品，从而提升自身生产技术水平。这实际上是一种需求促进供给技术进步的反馈机制，见图 3 - 5：

---

① 张二震，马野青. 国际贸易学 [J]. 人民出版社，2007.

图 3 - 5 逆向技术溢出的需求反馈机制

五、外围技术外包机制

企业的外围技术是为核心技术提供配套和辅助的技术，这些技术在研发难度上较核心技术低，通常不会成为企业整体技术水平的决定力量，但是会占用企业大量研发资源，但对企业核心技术的进步贡献有限。同时，较低的外围技术水平会对核心技术水平产生显著的限制作用。但是一般来讲，一国在某产业整体的核心技术水平不高的情况下，其配套产业的技术水平也并不高。因此一国较低的核心技术是较难在本国境内获得好的外围技术的支持的。走出去进行对外直接投资，即使不能够直接接触技术先进的东道国的核心技术，但可以获取东道国较好的外围技术的外包服务，这样就接触了外围技术的约束。同时，企业将非核心的外围技术外包给东道国企业，可以专注于核心技术的研发，将企业的研发资源、人力资本等资源集中使用，可以提高核心技术的研发效率。外围技术的外包机制见图 3 - 6。

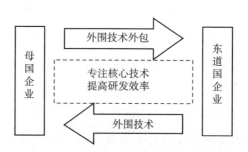

图 3 - 6 逆向技术溢出的外围技术外包机制

第三节　OFDI 对出口部门的技术溢出机制研究

一、模型推导

遵循豪斯曼等（2007）[①] 的研究思路，假设一个国家生产并出口的产品由本国的比较优势决定，则该国出口部门一般是掌握先进技术的部门。假设该国任一出口企业的生产技术水平为 A，而 A 在（0，h）之间均匀分布，其中 h 表示该国的生产技术可能性边界。则该国出口部门中掌握最先进技术水平的企业技术水平为 A^{max}，按照豪斯曼等（2007）的推导，A^{max} 主要取决于该国的生产技术可能性边界 h 以及进入出口部门的企业数量 m，则 A^{max} 的期望水平为：

$$E(A^{max}) = mh/(m+1)$$

可见 A^{max} 的期望水平与进入出口部门的企业数量 m 正相关，与本国的技术可能性边界正相关。为了分析企业对外直接投资对本国出口技术水平的影响，本书在此引入对外直接投资。而对外直接投资对 A^{max} 的影响分两个方面，一方面，本国对外直接投资的部门也会遵循与出口贸易相类似的比较优势原理，因此对外直接投资对本国先进技术的影响有类似的途径，选择对外直接投资的企业越多，则 A^{max} 有越大的可能性，因此本书的 m 与豪斯曼等（2007）相区别，代表进入出口部门的企业数与选择对外直接投资的企业数的总和。但与出口相区别，对外直接投资影响还通过另外一个途径——逆向技术溢出影响。逆向技术溢出效应的存在，使得对外直接投资可以扩展本国的技术边界 h。设定对外直接投

① Hausmann, R.; Hwang, J. & Rodrik, D. What You Export Matters [J]. Journal of Economic Growth, 2007 (12): 1 – 25.

资为 I，I = 0 时，E（A^{max}）仍由 m 和 h 决定，而 I > 0 时，随着 I 的增加，E（A^{max}）也会增加。可将上式修正为：

$$E(A^{max}) = mhe^I/(m+1)$$

其中 he^I 表示对外直接投资 I 对本国技术可能性边界 h 的扩展。A^{max} 同时决定了本国其他企业的最高技术水平，其他企业的技术选择取决于对本企业技术水平 A 与 A^{max} 的比较，设 0 < α < 1 表示技术模仿的效率，若 A > $αA^{max}$（同时 A < h），则选择自己的生产技术进行生产，若 A < $αA^{max}$，则选择模仿先进技术。企业技术选择的区间见图 3 − 7。

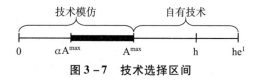

图 3 − 7　技术选择区间

当 A > $αA^{max}$ 时，我们可以得到企业选择以自己的技术进行生产的概率为：

$$p(A > αA^{max}) = 1 − αE(A^{max})/he^I = 1 − αm/(m+1)$$

而当企业生产技术在（A^{max}，he^I）之间均匀分布时，其期望生产率为（$he^I + αA^{max}$）/2，从而可得选择自己的生产技术的企业的期望利润为：

$$E(π|A > αA^{max}) = p[he^I + αE(A^{max})]/2 = \frac{1}{2}phe^I[1 + αm/(m+1)]$$

同样，我们可以得到 A < $αA^{max}$ 时，企业选择模仿先进技术的概率和期望利润为：

$$p(A < αA^{max}) = αE(A^{max})/he^I = αm/(m+1)$$

$$E(π|A < αA^{max}) = pαE(A^{max}) = pαmhe^I/(m+1)$$

在选择自由技术和模仿先进技术不确定的情况下，该企业的期望利润为：

$$E(\pi) = p(A > \alpha A^{max}) \times E(\pi \mid A > \alpha A^{max}) + p(A < \alpha A^{max}) \times E(\pi \mid A < \alpha A^{max})$$

$$= \frac{1}{2}phe^I\left[1 + \left(\frac{\alpha m}{m+1}\right)^2\right]$$

从而可得企业的期望生产率水平为：

$$E(A) = \frac{1}{2}he^I\left[1 + \left(\frac{\alpha m}{m+1}\right)^2\right]$$

根据前面的推导过程，假设模型中的 m 仍然表示进入出口部门的企业数，而用 n 表示进入对外直接投资的企业数，则用 m + n 表示进入出口和对外直接投资总数的企业数量代替模型中的 m，并不影响推导过程，而结果变为：

$$E(A) = \frac{1}{2}he^I\left[1 + \left(\frac{\alpha(m+n)}{m+n+1}\right)^2\right]$$

注意当 I = 0 且 n = 0 时，上式变为 $E(A) = \frac{1}{2}h\left[1 + \left(\frac{\alpha m}{m+1}\right)^2\right]$，该结果与豪斯曼等（2007）的结果一致。表明在没有对外直接投资的情况下，该国出口企业的期望技术水平仅与进入出口部门的企业数量 m、本国生产技术边界 h 以及技术模仿效率 α 相关，而加入对外直接投资后，本国出口部门的技术水平还与对外直接投资额 I 和进入对外直接投资的企业数量 n 正相关。

二、理论分析

从以上模型推导的结论可知，对外直接投资影响出口技术水平的关键变量包括对外直接投资的企业数量 n 和对外直接投资额 I 两个。如果将对外直接投资企业数 n 看作与选择生产出口品的企业数 m 相同的特征的话，则对外直接投资与出口同样，具有强化本国比较优势的效应。同时对外直接投资企业数量的增加，可以实现对外直接投资的外部规模效应，增强其对国内技术水平的提升。因此有：

命题1：遵循比较优势的对外直接投资可以提升本国出口技术水平，

选择对外直接投资的企业越多，越能强化本国的比较优势从而实现出口技术的提升。

在上面的模型推导中，并没有区分变量 I 是单个企业的平均对外直接投资额还是 n 个企业的总投资额，但其实这种区分并不影响本书的理论分析。若我们将 I 看作单个企业的平均对外直接投资额，则我们根据理论推导的结果，显然可以得出结论认为对外直接投资对出口技术的促进具有内部规模经济效应。因为逆向技术溢出效应的存在，随着单个企业对外直接投资额的增加，反向获取国际先进技术的可能性就增强，从而扩展了本国技术可能性边界，进一步实现本国出口技术水平的提升。因此有：

命题2：一国对外直接投资具有内部规模经济效应，单个企业对外直接投资规模的增加可以增加反向获取国际先进技术的可能性，同时也可以扩展本国技术可能性边界，实现本国出口技术水平的提升。

三、实证模型与指标设计

1. 模型设定与指标设计

本书的被解释变量为出口技术水平。出口品技术水平的测算以劳尔（Lall，2000）的出口技术分类法和罗德里克（Rodrik，2006）的出口技术复杂度指数法为代表，这两种方法都是针对出口产品和行业技术水平的测算，考虑到本书将采用的是中国省际面板数据，需要测算的是中国省区的总体出口技术水平，本书对出口技术水平的测算做了适当调整。按照劳尔（2000）或者罗德里克（2006）的方法测算，我国海关统计的出口品中的第十六、十七、十八三大类商品均为技术含量最高的商品，因此本书将这三类商品出口额占地区出口总额的比重作为地区出口技术水平的评价指标。根据这种方法本书计算了2001年以来中国的贸易技术水平，见图3-8。

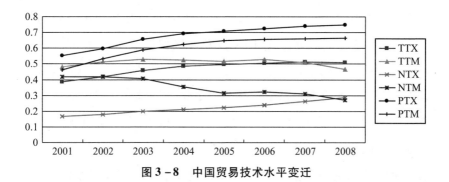

图 3 - 8　中国贸易技术水平变迁

资料来源：根据海关统计数据计算整理

从图 3 - 8 中可以大致看出，2001 年以来，我国出口贸易技术水平（TTX）、一般贸易出口技术水平（NTX）以及加工贸易出口技术水平（PTX）均呈明显的上升趋势，同时从历年的情况来看，我国加工贸易出口技术水平明显高于一般贸易出口技术水平，可见加工贸易出口技术水平是决定我国出口技术水平的主要力量。而在进口技术水平方面，除加工贸易进口技术水平（PTM）外，总贸易进口技术水平（PTM）和一般贸易进口技术水平（NTM）均没有表现出显著的上升趋势，可见我国企业进口产品并没有以提升技术水平为最终目的。关于这一领域的研究，刘钻石等（2010）[①] 做了深入研究，本书不再展开。

豪斯曼等（2007）的计量模型中包括的解释变量为经济规模、人力资本、资本劳动比、制度质量以及初始技术水平，本书在此基础上加入对外直接投资额作为本书的关键解释变量。同时，结合相关学者的研究成果，本书加入了影响出口技术水平的其他控制变量，建立如下实证模型：

$$TT_{it} = c_{it} + \alpha_1 OFDI_{it} + \alpha_2 PGDP_{it} + \alpha_3 K/L_{it} + \alpha_4 INS_{it} +$$
$$\alpha_5 PTR_{it} + \alpha_6 TL_{it} + \alpha_7 HR_{it} + \alpha_8 RD_{it} + \mu_i + \varepsilon_{it} \qquad (3.1)$$

[①]　刘钻石，张娟. 加工贸易对中国出口贸易技术水平影响的实证分析 [J]. 当代财经，2010（4）：104 - 109.

（3.1）式中 TT 表示出口技术水平，实证回归时采用出口贸易技术水平 TTX、加工贸易技术水平 PTX 以及一般贸易技术水平 NTX 三个指标。OFDI 表示对外直接投资，本书采用分省份的对外直接投资存量，用各地区固定资产投资价格指数折算成 2000 年价格；PGDP 表示地区经济规模，采用地区人均 GDP，用地区 GDP 指数折算成 2000 年价格；K/L 表示地区资源禀赋状况，采用资本劳动比表示，具体计算中采用全社会固定资产投资与全社会就业人数的比值代替；INS 表示制度差异，实际上改革开放三十多年来，我国地区之间的制度差异已经并不明显，本书仅考虑外资水平的影响，采用外商直接投资总额与地区 GDP 的比值表示；PTR 表示对外贸易，根据刘钻石等（2010）的研究，在对外贸易中，进口贸易对出口技术水平有显著影响，因此本书选择进口贸易技术水平作为对外贸易的替代变量；TL 表示地区原有技术水平，采用专利申请授权数表示；HR 表示人力资本，采用在校本专科生数量；RD 表示研发投入，用地区技术市场成交额表示。在以上指标中，除 OFDI 是本书的关键指标外，PGDP、K/L、INS、PTR 以及 TL 表示地区禀赋状况，包括要素禀赋、技术禀赋以及制度禀赋，而 HR 和 RD 则表示通过对外直接投资提升出口技术水平的"吸收能力"。下标 i 表示地区，t 表示时期，μ 和 ε 分别表示地区固定效应以及随机误差项。最终是否采用固定效应模型经过 Hausmann 检验决定。

2. 数据检验

为了避免"伪回归"现象，我们首先对以上指标的数据序列进行单位根检验，根据计量经济学家的理论，只有平稳序列或者具有相同单位根的序列才可以进行协整检验。本书在 Eviews6.0 软件的帮助下，选择 PP 单位根检验方法，在水平序列的检验中显示，所有序列均未通过平稳性检验，而经过一阶差分后的序列检验结果见表 3 - 1。其中地区人均生产总值和地区技术水平的数据序列经过一阶差分后仍然不平稳，因此对其进行对数处理，结果显示一阶平稳。

表 3 – 1   单位根检验结果

序列	统计量	P 值		结论
TTX	PP – Fisher Chi-square PP – Choi Z – stat	144. 108 – 5. 33491	0. 0000 0. 0000	一阶单整
OFDI	PP – Fisher Chi-square PP – Choi Z – stat	152. 153 – 4. 96910	0. 0000 0. 0000	一阶单整
Log(PGDP)	PP – Fisher Chi-square PP – Choi Z – stat	95. 0356 – 0. 77355	0. 0027 0. 2196	一阶单整
HR	PP – Fisher Chi-square PP – Choi Z – stat	140. 278 – 5. 96333	0. 0000 0. 0000	一阶单整
K/L	PP – Fisher Chi-square PP – Choi Z – stat	98. 0381 – 1. 09400	0. 0014 0. 1370	一阶单整
INS	PP – Fisher Chi-square PP – Choi Z – stat	108. 395 – 3. 60942	0. 0001 0. 0002	一阶单整
Log(TL)	PP – Fisher Chi-square PP – Choi Z – stat	95. 0376 – 2. 38312	0. 0027 0. 0086	一阶单整
PTR	PP – Fisher Chi-square PP – Choi Z – stat	108. 841 – 2. 28198	0. 0001 0. 0112	一阶单整
RD	PP – Fisher Chi-square PP – Choi Z – stat	122. 111 – 4. 10912	0. 0000 0. 0000	一阶单整

资料来源：作者计算整理

本书以出口贸易技术水平（TTX）作为因变量检验对外直接投资以及其他因素对出口技术水平的影响，借助 Eviews6.0 软件，分别将 TTX 和自变量输入软件，选择 KAO（基于 Engle – Granger）协整检验方法，结果显示 ADF 统计量为 – 2.9081，P 值为 0.0018，表明本书的计量模型各变量之间存在协整关系，见表 3 – 2。

表 3 – 2　　　　　　　　　　　协整检验结果

因变量	统计量值（ADF）	P 值	结论
TTX	– 2.908178	0.0018	存在协整关系

资料来源：作者计算整理

四、基于中国省际面板数据的实证检验及结果分析

经过单位根检验和协整检验，本书的面板数据模型可以用于实证检验。为了分析其他自变量对我国对外直接投资影响出口技术水平的交互影响，本书采用逐引入自变量进行回归的方法。估计方法为可行广义最小二乘法（EGLS），按照截面加权（cross-section weight），经过 Hausmann 检验选择地区固定效应的模型。检验结果见表 3 – 3。

表 3 – 3　　　　　　　　基于省际面板数据的实证结果

自变量	模型 1	模型 2	模型 3	模型 4
OFDI	2.35E – 08 ***	– 8.10E – 09	1.78E – 08 ***	– 1.08E – 08 *
Log（PGDP）		0.168307 ***		0.172805 ***
K/L		– 0.025927 ***		– 0.027247 ***
INS		– 0.009671 *		– 0.010019 *
PTR		0.097750 ***		0.064564 *
Log（TL）		0.000297		– 0.000896
HR			– 4.39E – 08 ***	8.83E – 10
RD			4.96E – 08 ***	6.09E – 09
调整的 R^2	0.9653	0.981761	0.9864	0.9816
F 统计量	167.2829	276.2915	407.5482	260.3995
P 值	0.0000	0.0000	0.0000	0.0000
D – W 值	0.8814	1.2857	1.0405	1.2790

资料来源：作者计算整理。表中 * 、** 、*** 对应指标分别在 10%、5% 和% 水平下通过 T 值检验。

　　表3-3中模型1的自变量仅包括对外直接投资；模型2在对外直接投资的基础上引入了表明地区禀赋的地区经济规模、资本劳动比、对外开放度进口技术水平以及原有技术禀赋作为因变量；模型3引入人力资本和研发投入指标；模型4加入了本书设定的计量模型的全部变量。所有模型的拟合优度都比较理想，从F统计量来看，四个模型的整体显著性也较高。从D-W值来看，模型1和模型3因为变量较少，随机误差项有明显的自相关性，另外两个模型较好地避免了自相关问题。对结果的具体分析如下：

　　从模型1可以看出，在没有其他自变量进入的情况下，我国对外直接投资对出口技术水平具有显著的促进作用。这与本书的理论模型结论一致。但该结论仅表明我国对外直接投资对出口技术水平具有直接的提升作用，在考虑其他自变量的交互影响后，其结论可能发生变化。从模型1的D-W值也可以看出，该模型的随机误差项存在明显的自相关性，表明方程未考虑其他重要变量。从模型2可以看出这一变化。

　　模型2的对外直接投资的系数由正变负，表明我国省际的对外直接投资对出口技术水平的提升受到了其他自变量的干扰。可见，我国对外直接投资对出口技术水平的促进并不稳定，受到区域禀赋状况的干扰。同时模型2引入的自变量表明的是地区禀赋状况，从回归系数来看，要素禀赋和制度禀赋的影响显著为负，表明我国省际劳动密集型的产品出口和现有的对外开放政策本身并不利于出口技术水平的提升。地区经济规模和进口技术水平尽管系数显著为正，说明我国地区市场规模的扩大和进口品技术水平的提高有助于出口品技术水平的提升。

　　模型3在引入人力资本和研发投入两个指标后，对外直接投资的系数又恢复显著为正，可见对外直接投资对出口技术水平的提升并未受到各省份用人力资本和研发投入衡量的"吸收能力"的制约。尽管从回归系数来看，研发投入的系数显著为正，而人力资本的系数显著为负，但这表明人力资本和研发投入对出口技术水平的影响并非通过直接效应实现，而是通过与对外直接投资的交互影响实现。通过人力资本积累和研发投入的增加，可以增强对外直接投资获取先进技术的"吸收能力"从而促进出口技术水平的提升。

模型4加入了本书设定的计量模型的全部变量，结论与前三个模型基本一致。在所有自变量的综合作用下，中国省际对外直接投资对出口技术水平的提升基本被抵消，对我国省际出口技术水平有显著影响的除对外直接投资外，主要为地区经济规模、资本劳动比、制度禀赋以及进口技术水平，这些变量主要反映的是地区禀赋状况，而这些变量基本抵消了对外直接投资对出口技术水平的直接提升效应。而反映"吸收能力"的人力资本和研发投入在该模型中并没有起到主要作用，尽管从系数来看，这两个变量的贡献为正，但T检验值并不显著。

五、结论及建议

从中国出口贸易技术水平的高低可以判断我国的出口是资源（劳动力资源或者自然资源）附加型还是技术附加型，如果是资源附加型的，则我国出口贸易拉动的经济增长将难以持续，但如果是技术附加型的，则说明我国出口贸易拉动的经济增长可以长期持续。通过简单的指标分析，可以发现我国出口贸易技术水平长期来看是持续提升的，但分析决定其提升的因素才更有意义。

本书在前人研究的基础上，通过对豪斯曼等（2007）的理论模型进行简单的拓展，加入对外直接投资变量后研究发现，遵循比较优势的对外直接投资对一国出口贸易技术水平具有提升作用，一方面对外直接投资扩展了本国的技术边界，另一方面对外直接投资可以增加本国企业获取国际先进技术的机会，获取国际技术的反向外溢。基于中国省际面板数据的实证检验也印证了这一结论，即中国省际的对外直接投资对出口贸易技术水平具有直接的促进作用。可见我国的"走出去"战略与"贸易强国"战略是不谋而合的，通过对外直接投资可以进一步强化出口贸易拉动经济增长的持续性。

　　同时对中国省际面板数据进行进一步研究发现，中国对外直接投资对出口贸易技术水平的提升效应受到地区经济规模、要素禀赋状况、制度质量以及技术水平的制约，而地区人力资本和研发投入对对外直接投资促进出口贸易技术水平的效应有强化作用。因此，要利用对外直接投资提升出口品技术水平，一方面要通过增加研发投入和人力资本的积累来增强通过对外直接投资获取先进技术的"吸收能力"，另一方面也要注意经济规模、要素投入、制度建设以及技术积累与"走出去"战略的配套，通过整个经济系统的严密配合实现对外投资提升出口技术水平的提升，而不是限制其效用。

第四章

我国 OFDI 逆向技术溢出的
经济效应分析

　　相较于 OFDI 逆向技术溢出效应存在性的研究，逆向技术溢出的经济效应更值得我们关注，即我们需要更加重视逆向技术溢出带来的对国内经济的进一步影响。本章在前一章研究的基础上，将对逆向技术溢出的经济效应开展理论和实证的分析。首先，本章仍然借用格罗斯曼和惠而浦曼（Grossman & Helpman，1991）的理论模型，加入了以在国外生产中间品位形式的对外直接投资变量，利用比较静态分析和均衡分析，发现对外直接投资获取的逆向技术溢出，有助于国内区域比较优势的转变，在后发国家以劳动、土地等传统要素的绝对优势不变的前提下，获得了资本、技术要素的比较优势；其次，利用我国省际面板数据，以对外直接投资额为核心自变量，以劳动资本比为区域比较优势的代理变量开展了实证研究，结果发现对外直接投资具有比吸引外资更为显著的区域比较优势转变效应，这种效应的转变也具有较强的区域差异。最后，本章以江苏省信息技术产业为案例，分析了对外直接投资逆向技术溢出所带来的国际市场势力的拓展，通过案例分析发现，江苏省信息技术产业的集群式对外直接投资促进了该省信息技术产业的国际市场势力拓展。

第一节　逆向技术溢出促进区域比较优势转变的理论机制

一、问题的提出

我国在较长一段时间中参与国际分工遵循的是古典经济学家倡导的比较优势原则，通过对劳动力成本优势的充分利用，我国的开放型经济得到了长期快速发展，在成长为"世界工厂"的同时，我国也由改革开放前的低收入国家发展成为人均 GDP 超过 8000 美元的中等偏上收入国家。但是随着人口红利的衰减，我国的劳动力成本优势正在逐渐丧失，传统的成本优势难以持续，我国的开放型经济需要建立新的优势。因此，相对于古典经济学家的外生比较优势，新兴古典经济学家提倡的内生比较优势更符合包括我国在内的发展中国家发展开放型经济的现实需要。内生比较优势在认可比较优势内生可变的前提下，认为一国可以通过生产方式的选择和分工的细化转变固有的比较优势，获取新的比较优势。在这一理论前提下，探寻比较优势转变的决定因素成为现代比较优势理论研究的热点，也是我国供给侧结构性改革战略思路的理论突破口之一。当前已有众多文献研究了比较优势动态转变的决定因素，其中不少文献研究了经济开放与比较优势转变的关系，遵循同样的思路，本书将对近年来我国所推崇的新的经济开放方式——对外直接投资对我国区域比较优势动态转变的影响开展理论和实证考察，以期为我国开放型经济新优势的建立提供理论补充。

实际上早在 20 世纪 80 年代，西方经济学家就已经注意到比较优势的动态可变性。克鲁格曼（Krugman，1981）通过建立两国模型研究发现，参与贸易的两国所选择的初始资本劳动比将在贸易的延续中被"固化"，表明贸易中一国可以通过对初始生产方式的改变而改变自身的比较优势。哈佛大学的波特教授（1985）通过建立竞争优势理论指出一国贸易优势的主要决定因素包括要素条件、需求条件、相关及支持产业、公司的战略和辅助因素随机事件、政府。格鲁斯曼和惠而浦曼（1991）的研究发现贸易是内生经济增长的主要动力，从而表明贸易可以提高一国的技术优势。里维拉－巴提兹和罗默（Rivera‐Batiz & Romer，1991）通过建立内生增长模型发现可以通过增加技术部门的投资改变本国的比较优势，从而实现经济的内生性增长。而新兴贸易理论（杨小凯，2002）将比较优势内生转变的原因归结为分工，认为分工的细化产生的生产率差异决定了比较优势的内生性转变。国内经济学家的研究更针对我国实际。林毅夫等（1999）在总结"东亚奇迹"经验基础上认为，我国应该通过比较优势的演进促进经济良好发展，而比较优势的演进需要政府发挥市场竞争机制的良性发展。蔡昉、王德文（2002）认为，通过更大规模的产品贸易和要素流动，可以发现和获取我国的比较优势。张其仔和李颢（2013）认为，政府产业政策的选择对我国比较优势的演进有决定作用，产业政策的选择应该在遵循和违背比较优势上取得平衡。实证研究方面，包群、阳佳余（2008）建立金融发展衡量指标，研究了金融发展与我国工业制成品比较优势转变的关系；包群、张雅楠（2010）研究了金融发展与我国高新技术产品出口比较优势的关系，发现金融发展显著促进了我国工业制成品和高新技术产品的比较优势从劳动要素向资本和技术要素转变；盛雯雯（2014）通过一般均衡模型分析了金融发展与制造业比较优势的关系，发现金融效率的提高可以通过利率水平、社会总体资本利用水平以及产品相对价格影响制造业比较优势，而且这种影响是先升后降的倒"U"形关系。

综合以上文献来看，针对比较优势动态转变促进因素的研究已经很多，我国经济学家较为普遍地推崇经济开放和政府发展战略的选择在我国比较优势演进中的作用。而根据商务部的统计，2015年，实现对外投资7350.8亿元人民币，同比增长14.7%，自2002年以来连续14年保持快速增长，而在 2014 年我国实现了对外直接投资与吸引外资基本持平，因此本书将要研究的对外直接投资也是我国经济开放的重要手段，同时也是我国"走出去"战略的重要组成部分。在理论和现实的双重背景下，我们有必要将对外直接投资纳入比较优势转变的研究中，分析其对我国区域比较优势动态转变的促进作用。本书将首先通过一个简单的理论模型，分析对外直接投资促进区域比较优势转变的内在机制，在此基础上利用我国省际面板数据对理论结果开展实证考察，并分析我国区域比较优势转变动因的区域差异。

二、理论模型

假设一个简单的两国模型（本国和外国），本国的代表性消费者消费两种产品——工业制成品和初级产品，其产量分别表示为 M 和 F，效用函数为 C – D 形式：

$$U = M^\rho F^{1-\rho}; \quad 其中 \, 0 < \rho < 1 \tag{4.1}$$

根据代表性消费者的消费决策：

$$Max: \quad U = M^\rho F^{1-\rho}$$

$$s.t. \quad p_f F + p_m M \leqslant E$$

其中 E 为总消费支出，pf 和 pm 分别表示初级产品和工业制成品的价格，若将初级产品的价格单位化为 1，可将工业制成品与初级产品的相对价格表示为 pm，同时 pm 可表示为工业制成品的比较优势。可得代表性消费者对两类商品的相对消费支出为：

$$\frac{p_m M}{F} = \frac{1-\rho}{\rho} \tag{4.2}$$

其中工业制成品为资本密集型，初级产品为劳动密集型，具体参见两种产品的生产函数：

$$M = AL_m^\alpha K^{1-\alpha}; \quad 其中 \, 0 < \alpha < 1 \tag{4.3}$$

$$F = \beta L_f \tag{4.4}$$

从（4.3）式、（4.4）式的函数形式可知初级产品仅使用一种要素投入——劳动（Lf），而工业制成品则使用两种要素投入——资本 K 与劳动 L_m，用于初级产品生产与工业制成品生产的劳动加总为总劳动供给：$L = L_f + L_m$。借鉴 Grossman & Helpman（1991）的研究，本书用中间投入品的使用量衡量资本要素投入量：

$$K = \left[\int_0^{N^*} x(i)^{1-\alpha} di + \int_{N^*}^N x(j)^{1-\alpha} dj \right]^{\frac{1}{1-\alpha}} \tag{4.5}$$

在（4.5）式中，$x(i)$ 和 $x(j)$ 分别表示两种不同的中间投入品，借鉴蔡冬青、周经（2014）的做法，本书将这两种中间投入品分别表示为本国企业在本国投资生产的中间投入品和本国企业通过对外直接投资在外国生产的中间投入品，其种类数分别为（0，N^*）和（N^*，N），$N^* < N$。值得注意的是，此处 N 与 N^* 的差距只能表明在本国与在外国生产的中间产品种类的差距，而不能衡量企业走出去对外直接投资与在国内投资的相对规模，对外直接投资规模的衡量在后面的论述中引入。将两种中间投入品的定价分别设定为 $px(i)$ 和 $px(j)$，根据工业制成品生产部门的利润最大化决策：

$$\text{Max}: \pi_m = p_m M - \int_0^N p_x(i) x(i) di - \int_N^{N^*} p_x(j) x(j) dj$$

可得工业制成品部门对两种中间投入品的逆需求函数分别为：

$$p_x(i) = p_m A(1-\alpha) L_m^\alpha x(i)^{-\alpha}$$

$$p_x(j) = p_m A(1-\alpha) L_m^\alpha x(j)^{-\alpha} \tag{4.6}$$

从（4.6）式易知 $\partial x(i)/\partial p_x(i) < 0$，$\partial x(j)/\partial p_x(j) < 0$。本书要研究的是企业"走出去"对外直接投资对区域比较优势转变的影响，需要引入区域内企业对外直接投资的规模变量。与初级产品和工业制成品相区别，本书设定中间投入品的生产仅投入资本一种生产要素，且以一次性投入的固定资本投入为主。考虑到在外国直接投资相对于本国的直接投资需要花费更多的信息搜集成本、谈判成本等，本书设定在本国生产的中间产品的单位成本为 φ，而对外直接投资的单位成本为 ω，且 $\omega > \varphi$。

同时本书假设在规模经济的作用下，更大规模的投资有助于单位成本的下降，因此在本书的理论模型中，对外（对内）直接投资的规模与 ω、φ 负相关。中间品生产企业在国内直接投资和对外直接投资的总成本可分别表示为 $\varphi x(i)$ 和 $\omega x(j)$，同时这两个变量也可以表示为中间投入品企业在国内直接投资和对外直接投资的规模。由此，根据中间投入品生产企业的最优决策：

$$\text{Max}: \ \pi_{x(i)} = p_x(i)x(i) - \varphi x(i)$$
$$\pi_{x(j)} = p_x(j)x(j) - \omega x(j) \tag{4.7}$$

将（4.6）式的两个式子分别代入（4.7）式，并根据（4.7）式的一阶条件可得两种中间投入品的定价分别为：

$$p_x(i) = \frac{\varphi}{1-\alpha}, \ p_x(j) = \frac{\omega}{1-\alpha} \tag{4.8}$$

由（4.8）式易知，$p_x(i) > \varphi$，$p_x(j) > \omega$，$p_x(j) > p_x(i)$，因此两种中间投入品的生产企业均可以获取超额利润，分别为 $\pi_x(i) = \frac{\alpha\varphi}{1-\alpha}$，$\pi_x(j) = \frac{\alpha\omega}{1-\alpha}$，显然 $\pi x(j) > \pi x(i)$，这就是本国中间品企业开展对外直接投资最为重要的动因之一。同时也可以看出，对外（对内）直接投资的规模与中间投入品企业的利润成正比。将（4.8）式的两个式子分别代入（4.6）式，可得最终产品生产企业对中间投入品的需求分别为：

$$x(i) = L_m(p_m\Omega/\varphi)^{\frac{1}{\alpha}}, \ x(j) = L_m(p_m\Omega/\omega)^{\frac{1}{\alpha}} \tag{4.9}$$

上式中的常数 Ω 为 $A(1-\alpha)^2$ 的简化。从而工业制成品的产量为：

$$M = AN^*L_m(p_m\Omega/\varphi)^{\frac{1-\alpha}{\alpha}} + A(N-N^*)L_m(p_m\Omega/\omega)^{\frac{1-\alpha}{\alpha}} \tag{4.10}$$

对（4.10）式进行简单的分析可以发现：$\partial M/\partial L_m > 0$、$\partial M/\partial p_m > 0$，因此工业制成品的供给量与投入工业制成品部门的劳动量正相关，与工业制成品的价格正相关。同时，通过直观的观察我们可以发现：$\partial M/\partial\varphi > 0$、$\partial M/\partial\omega > 0$，即更大规模的对外（对内）直接投资，在规模经济的作用下可以降低中间产品的单位生产成本，从而扩大工业制成品部门对中间产品的投资，最终扩大工业制成品的产量。因此本书有命题1：

命题1：对外直接投资规模的扩大，会产生规模经济效应，降低中间产品的单位成本，使得工业制成品部门增加对中间产品的投资，扩大工业制成品的产量。

本书关注的是对外直接投资与工业制成品比较优势的关系，因此需要找出 ω 与 p_m 的关系。在劳动力市场出清的条件下，工业制成品部门和初级产品部门的工资报酬应该等于其各自的边际产品价值：

$$W_m = (\partial M / \partial L_m) p_m = A p_m^{\frac{1}{\alpha}} [N^* (\Omega / \varphi)^{\frac{1-\alpha}{\alpha}} + (N - N^*)(\Omega / \omega)^{\frac{1-\alpha}{\alpha}}]$$

$$W_l = (\partial F / \partial L_f) p_f = \beta \tag{4.11}$$

同时，劳动力市场出清时，$W_m = W_l$，因此有：

$$A p_m^{\frac{1}{\alpha}} [N^* (\Omega / \varphi)^{\frac{1-\alpha}{\alpha}} + (N - N^*)(\Omega / \omega)^{\frac{1-\alpha}{\alpha}}] = \beta \tag{4.12}$$

结合（4.2）、（4.3）、（4.4）及（4.10）式，有：

$$A L_m p_m^{\frac{1}{\alpha}} [N^* (\Omega / \varphi)^{\frac{1-\alpha}{\alpha}} + (N - N^*)(\Omega / \omega)^{\frac{1-\alpha}{\alpha}}] = [(1 - \rho) / \rho] \beta L_f \tag{4.13}$$

首先由（4.12）式可得对外直接投资规模 ω 对工业制成品相对价格 p_m 的边际影响为：

$$\frac{\partial p_m}{\partial \omega} = \frac{(1 - \alpha)(N - N^*) p_m}{N^* \varphi^{\frac{\alpha-1}{\alpha}} \omega^{\frac{1}{\alpha}} + (N - N^*) \omega} > 0$$

由此我们发现对外直接投资规模越大，本国（地区）在工业制成品方面的比较优势越大，可得本书的命题2：

命题2：本国（地区）中间产品生产企业通过对外直接投资在外国生产并为本国工业制成品生产企业提供中间产品，可以提高本国中间产品生产企业的利润，并使得本国工业制成品的比较优势逐步从劳动要素向资本要素转变。

结合 $L = L_f + L_m$ 以及（4.12）、（4.13）式，可得投入初级产品的劳动量 L_f 以及投入工业制成品的劳动量 L_m，其中：

$$L_m = [(1 - \rho) / \rho] L_f$$

从上式可以看出，劳动要素在工业制成品和初级产品部门之间的分配与是否存在对外直接投资并没有关系，因此本国企业的对外直接投资行为不会使得劳动在两个部门之间重新分配，原因从（4.11）式可以得到解释。根据（4.11）式我们可以发现：$\frac{\partial W_m}{\partial \omega} = \frac{\partial W_1}{\partial \omega} = 0$，即本国企业对外直接投资并未对本国工业制成品部门和初级产品部门的工资水平，因此可得命题3。

命题3：本国企业的对外直接投资行为不会影响工业制成品部门的工资水平，也不会使得本国的劳动要素在初级产品部门和工业制成品部门重新配置，从而本国劳动要素的绝对优势不会丧失。

这一结论显然与以出口为主的走出去形式产生的影响不同：我们知道根据经典的要素禀赋理论，一国通过出口实现本国产品的走出去，会使得本国出口产品中密集使用的要素收入增加，从而使得生产要素在不同部门之间重新配置。

第二节　逆向技术溢出促进区域比较优势转变的实证证据

一、实证模型与指标设计

（一）实证模型设定

根据理论分析的基本结论可知本书实证考察的待检验结论为：地区对外直接投资规模越大，该地区工业制成品的产量越大，地区的资本密集型产品的比较优势也越强。因此，本书构建如下实证模型进行检验：

$$RCA_{it} = \alpha_0 OFDI_{it} + \sum_1^n \alpha_n CV_{it} + \mu_i + \lambda_t + \varepsilon_{it}$$

式中 RCA 表示我国各地区的比较优势，OFDI 表示我国各地区的对外直接投资规模，CV 表示影响我国各地区比较优势的相关控制变量，本书将使用的是我国分省区的面板数据考察，下标 i 和 t 分别表示省份和时期，μ 和 λ 分别表示地区和时期固定效应，ε 表示随机误差项。根据理论分析的结论，我们知道 α_0 的预期结果应该为正值。

（二）核心变量的测定

本书实证考察的核心变量是自变量对外直接投资的规模和因变量地区比较优势，采用的数据为中国省际面板数据。

1. 区域比较优势的测定

当前对比较优势的测定中最常用的是巴拉萨（Balassa，1965）的显性比较优势指数（RCA），以及净出口显性比较优势指数（NRCA）（Balassa 等，1989）[①]，这些指数测度的是产品或产业层面的比较优势，本书需要考察的是区域比较优势，在计算中更多需要考虑的是区域要素禀赋的变化，本书在具体操作中，借鉴吴群（2007）的做法，采用要素禀赋系数代表我国分省区的比较优势指数。具体计算中采用资本劳动比代表资本要素的比较优势。原始数据来自国家统计局网站，其中资本存量采用永续盘存法核算，初始资本取自张军等（2004），折旧率采用较为通用的 9.6%，以 2000 年价格为不变价格折算为实际值。

2. 对外直接投资规模的测定

本书需要考察的是中国分省区的对外直接投资的绝对规模，绝对规模的测定可以选择地区对外直接投资流量和存量两个指标，我国商务部、国家统计局、国家外汇管理局联合发布的《对外直接投资统计公报》提供了统计数据。本书选择更为合理的对外直接投资存量数据作为对外直接投资绝对规模的衡量指标，采用分省份的固定资产投资价格指数折算为以 2000 年为不变价格折算为实际值。

（三）控制变量的选择

参照包群、杨嘉余（2008）的做法，并结合可能影响区域比较优势

---

① Balassa，Bela；Marcus Noland（1989）．"*Revealed* Comparative Advantage in Japan and the United States"．*Journal of International Economic Integration* 2（2）：8 – 22. doi：10. 11130/jei. 1989. 4. 2. 8.

的其他变量，本书还加入如下控制变量：（1）人力资本存量（HR）。人力资本是国际贸易的另一重要因素投入。本书以人均受教育年限作为代理变量，其中受过小学、初中、高中以及大学教育的年限分别记为6、9、12、16年；（2）基础设施水平（INF）。基础设施会影响国际贸易的成本。本书以公路里程作为代理变量；（3）外商直接投资（FDI）。外商直接投资是地方资本形成中不可或缺的部分。本书选择实际吸引外资额作为代理变量，同样以固定资产投资价格指数折算为2000年价格；（4）市场规模（MARKET）。一般来说，市场规模越大，地区工业制成品的需求也越大，从而工业制成品的比较优势也越大。本书采用最终消费总额衡量地方市场容量，用消费者价格指数折算为2000年价格。以上数据来源均为《中国统计年鉴》各年。

二、实证检验及结果分析

因为《中国对外直接投资统计公报》目前提供的我国省际对外直接投资存量数据区间为2004年到2014年，《中国统计年鉴》提供的其他数据则覆盖这一区间，因此本书实证考察的时间区间为2004~2014年。本书将采用面板广义最小二乘估计法（Panel EGLS）对实证模型进行考察，计量软件为Eviews6.0。首先对变量序列进行单位根检验，本书选择常用的ADF检验发现所有序列均含有单位根，其中HR、FDI含有一个单位根，RCA、MARKET和INF的对数序列也含有一个单位根，因此RCA、MARKET、INF对数序列与HR和FDI是同阶平稳序列，最终选择以上序列进行回归分析。再对以上数据序列进行协整检验，采用常用的KAO协整检验方法，滞后阶数由AIC准则确定，得到t统计量为−5.1972，对应P值为0.0000，因此待估计序列之间存在协整关系，可以进行面板回归分析。

（一）全样本回归分析

采用逐一代入变量的方式回归模型，并根据Hausman检验结果选择地区和时间随机效应的模型，回归结果见表4-1。

表4-1 全样本回归结果

变量	模型1	模型2	模型3	模型4	模型5
OFDI	0.2651 *** (0.0177)	0.2785 *** (0.0192)	0.2385 *** (0.0137)	0.1314 *** (0.0082)	0.1291 *** (0.0134)
FDI		$-3.62E-07$ (2.73E-06)	$-6.58E-06$ *** (2.18E-06)	$-1.58E-05$ *** (2.66E-06)	$-1.39E-05$ *** (2.60E-06)
HR			0.1251 *** (0.0119)	0.0778 *** (0.0148)	0.0806 *** (0.0121)
MARKET				0.5704 *** (0.0595)	0.4830 *** (0.0532)
INFR					0.0067 *** (0.0023)
C	0.0874 (0.0857)	0.0181 (0.0835)	-0.8227 *** (0.1050)	-1.8362 *** (0.1619)	-1.6279 *** (0.1613)
R^2	0.5767	0.6138	0.7494	0.7715	0.8139
Adjusted R^2	0.5753	0.6113	0.7470	0.7686	0.8110
F 统计量	431.9331	251.1399	314.0074	265.0822	273.9145
P 值 （F 统计量）	0.0000	0.0000	0.0000	0.0000	0.0000

注：Hausman 检验支持地区和时间随机效应模型，因此仅汇报了随机效应检验结果。 *** 、 ** 、 * 分别表示显著程度为1%、2%、3%，否则为不显著。

以上模型1中仅加入了对外直接投资变量，模型2~5逐一加入了控制变量，从回归结果来看，所有模型具有较好的拟合优度。从 F 统计量及其 P 值可见所有模型具有较好的整体显著程度，具有较好的解释力。从对模型1~5的分析可以得到以下结论：

首先，中国对外直接投资规模对区域比较优势转变有显著促进作用。尽管本书理论模型分析过程并非针对中国，但所得结论应该对中国的实际情况具有同样的解释力，表4－1中的回归结果则很好地验证了本书的理论结论在中国的适用性。表4－1中模型1到模型5的OFDI系数回归结果均显著为正，尤其是在不考虑其他因素时，对外直接投资对区域要素比较优势的影响程度达到了0.2651。尽管随着加入其他控制变量数量的增加，OFDI的系数回归数值逐渐减小，但并未改变OFDI的系数符号和显著程度。因此本书理论分析的结论得到了较好的验证：中国各省份的对外直接投资规模的扩大显著促进了区域内比较优势从劳动要素向资本要素转变。结合我国各省对外直接投资的实际情况不难发现，中国企业的对外直接投资活动一方面可以将劳动密集型产业、产品以及生产环节等转移到要素价格更为低廉的地区去，从而释放更多的资本要素，这直接促进了国内区域比较优势的动态转变；另一方面，以获取技术为目的的对外直接投资会反过来促进企业在国内增加资本投入以消化吸收企业在海外的反向技术外溢，这也会使得国内区域的比较优势从劳动向资本、技术转变。

其次，对外直接投资相对于外商直接投资具有更好的比较优势转变效应。通过模型1和模型2的对比分析可以发现，在加入FDI后，OFDI系数回归的数值由0.2651增加为0.2785，且显著程度未发生变化，而同时FDI系数回归显示为负值，尽管统计上并不显著。这表明相对于吸引外资而言，区域内企业对外直接投资更能够有效促进本区域比较优势的转变，可能的原因包括：（1）我国企业"走出去"时的主动选择性。相对于吸引外资时被动接受外资的选择而言，企业主动走出去的目的就是为了获取自身优势的转变，为了使得自身在国际竞争中的优势从劳动要素转向资本、技术等更高级的要素，企业会在"走出去"之前谨慎选择对外直接投资的目标产业、目标区位，将生产环节中的劳动密集环节转移出去，这种主动性保证了我国"走出去"的企业所在区域比较优势的良性转变。（2）吸引外资时的被动接受性。外商投资企业选择在我国相应省份投资的重要原因是因为廉价的劳动力和土地，这使得跨国公司向中国投资时会将劳动、土地密集型的产业、产品或者生产环节转移到中国，这显然无助于我国相应省份比较优势的动态转变，甚至会固化其劳动要素的比较优势。

最后，影响区域比较优势的其他控制变量中，市场规模对资本要素禀赋的形成具有最强的正向影响，模型 4 到模型 5 中 MARKET 变量的系数均显著大于其他控制变量，表明市场规模是资本要素禀赋形成中不可或缺的因素；人力资本对资本要素禀赋的贡献显著为正，表 4 – 1 的实证结果模型 3 到模型 5 中 HR 的系数均显著为正，表明区域人力资本禀赋的改善将促进资本禀赋的改善；技术设施水平对资本禀赋的形成也具有显著的促进作用。

（二）分区域回归分析

表 4 – 1 中的随机效应模型回归结果揭示了对外直接投资促进区域比较优势转变的一般规律，对本书理论模型的结论提供了佐证，但并未揭示我国区域比较优势受对外直接投资影响的区域差异。接下来本书建立地区固定效应的模型，分析对外直接投资促进我国省域比较优势转变的区域差异。表 4 – 2 汇报了分东部、中部、西部[①]的地区固定效应回归结果：

表 4 – 2 分区域回归结果

变量	东部地区	中部地区	西部地区
OFDI	0. 1723 *** (0. 0424)	0. 1026 *** (0. 0262)	0. 0491 ** (0. 0214)
FDI	− 7. 86E − 06 (5. 21E − 06)	− 4. 24E − 05 * (2. 31E − 05)	1. 13E − 06 (1. 44E − 05)
HR	0. 0979 *** (0. 0314)	− 0. 0159 (0. 0351)	0. 0194 (0. 0222)

---

① 依据较为常见的分法，东部地区：北京、天津、河北、辽宁、上海、江苏、浙江、福建、山东、广东；中部地区：山西、内蒙古、吉林、黑龙江、安徽、江西、河南、湖北、湖南；西部地区：广西、四川、贵州、云南、陕西、甘肃、青海、宁夏、新疆。

续表

变量	东部地区	中部地区	西部地区
MARKET	0. 3527 ** (0. 1607)	1. 2633 *** (0. 1204)	1. 1160 *** (0. 0996)
INFR	0. 0092 *** (0. 0028)	0. 0002 (0. 0022)	0. 0005 (0. 0022)
C	- 1. 7028 *** (- 1. 7028)	- 3. 4728 *** (0. 2259)	- 2. 5998 (0. 1892)
R^2	0. 9153	0. 9635	0. 9673
Adjusted R^2	0. 9028	0. 9579	0. 9623
F 统计量	73. 3823	172. 7328	193. 6219
P 值(F 统计量)	0. 0000	0. 0000	0. 0000

注：汇报的是地区固定效应模型回归结果。 *** 、 ** 、 * 分别表示显著程度为1% 、2% 、3% ，否则为不显著。

从表4 - 2可以清晰地看到，分区域的回归结果总体上与全样本回归结果体现类似的特征，我国三大地区比较优势的决定因素中，OFDI均体现了较高的显著程度，也体现了较高的决定作用，表明分区域的回归结果也支持对外直接投资促进区域比较优势转变的理论结论；另一与全国回归结果保持较高一致性的指标是市场规模对比较优势的促进，表4 - 2中MARKET指标三大地区回归结果均显著为正。进一步分析每个指标可以得到以下结论：

首先，我国对外直接投资对区域比较优势的促进作用在地域显示为东强西弱。表4 - 2的结果清晰地显示东部地区 OFDI 的系数回归结果为0. 1723 ，明显高于中部的 0. 1026 和西部的 0. 0491 。分地区结果显示这一特征的主要原因是我国的对外直接投资本身的东强西弱的特征，《中国对外直接投资统计公报》的数据显示我国对外直接投资无论从流量还是存量来看，东部地区都占有绝对的优势，以 2014 年为例，东部地区对外直接投资存量为 1922. 4 亿美元，占 81. 6% ，流量为 447. 8 亿美元，占81.8%。从这一实证结果可见，对外直接投资规模总体上与区域比较优势成正相关性，可以作为本书第三章理论模型中结论一的实证论据。同时这一结论也反映出我国中部、西部地区企业"走出去"的进程较慢，规模也不够大，未能够体现出对中西部地区比较优势由劳动要素向资本要素的转变。

其次，市场规模仍然是我国各地区要素比较优势转变的主要动力，而中西部比较优势转变对市场规模的依赖更强于东部地区。由于本书市场规模的替代变量是地区消费总额，因此表4－2中MARKET指标的实证结果显示的是区域比较优势对本地市场的依赖程度。表4－2中的MARKET系数回归结果显示中部和西部的系数接近，分别为1.2633和1.1160，明显高于东部地区的0.3527，这在表面上看起来是中西部地区的市场规模对区域比较优势转变的贡献更大，深入分析可以发现，我国中西部地区市场开放度相对东部地区更弱，对本地市场的高依赖度并不利于比较优势的动态转变。从表4－2的结果可以看出，尽管东部地区区域比较优势转变对MARKET的依赖较弱，但其OFDI指标提供了更多的支持。

最后，东部地区的人力资本和基础设施对本地区比较优势的动态转变提供了更好的支持。表4－2中东部地区HR指标和INFR指标的回归结果均显著为正，而中西部地区这两个指标的回归结果系数非常小，且显示为统计不显著，表明东部地区更好的人力资本积累和基础设施建设为本地区比较优势的动态转变提供了更好的支持。

三、主要结论和启示

我们首先需要认可的现实是比较优势的动态转变是我国开放型经济发展的必然结果，也是当前我国供给侧结构性改革的现实需要。同时随着我国企业资本的不断积累和规模的扩张，我国企业的对外直接投资还将进一步扩张，因此我们需要研究建立企业海外投资与比较优势动态转变的内在机制，并做出制度和政策调整，以更好地为"走出去"战略和供给侧结构性改革服务。本书通过一个简单的内生增长模型考察了我国企业对外直接投资对区域比较优势转变的动态效应，结果发现对外直接投资规模的扩大，会通过规模经济效应扩大工业制成品的产量，从而使得本国（区域）工业制成品的比较优势逐步从劳动要素向资本要素转变，同时本国企业的对外直接投资行为不会影响工业制成品部门的工资水平，也不会使得本国的劳动要素在初级产品部门和工业制成品部门重新配置，从而本国劳动要素的绝对优势不会丧失。本书还通过省际面板数据对理论模型的核心结论进行了验证，发现我国省际面板数据基本验证了理论结论，同时本书的实证考察还发现了一些新的结论：首先，相对于吸引外资，我国企业的主动走出去能够更好地促进区域比较优势的转变，原因是企业的主动走出去相对于吸引外资具有更好的主动选择性；其次，基于分区域的回归结果显示我国对外直接投资的比较优势转变效应具有明显的"东强西弱"特征，原因是我国东部地区"走出去"的步伐显著快于中西部地区；最后，在比较优势转变的促进因素中，还包括人力资本积累、基础设施建设以及市场规模等变量，比较优势的动态转变还需要对这些方面加强积累。

　　本部分的政策启示是明确的：首先，我国需要转变开放型经济的发展方式。根据现有众多的研究，单纯依靠出口和引进外资的开放型经济发展方式，很容易使得发展中国家的比较优势被"锁定"，从而落入比较优势的陷阱（洪银兴，1997），其中外资对比较优势转变的抑制作用已经得到本书实证考察的验证。因此，在今后较长一段时间中，我国需要进一步加大"走出去"战略的实施力度，只有通过对外直接投资才能有效促进我国区域比较优势的动态改善，避免落入比较优势陷阱；其次，我国"走出去"战略的实施要注意区域发展的差异，东部地区在对外直接投资领域走在了全国前列，使得东部地区的比较优势转变也将先于中西部地区，这将进一步拉大我国区域的经济发展差距。而实际上东部"走出去"的企业应当在适当的政策引导下，首先走向中西部，东部地区的技术寻求型对外直接投资走向国际的同时，市场寻求、资源寻求型对外直接投资应当走向中西部，这样在转移东部地区过剩产能的同时，也可以拉动中西部地区经济发展，促进区域平衡；最后，区域比较优势的转变还需要区域内市场规模的扩大、人力资本的积累以及基础设施建设的增强。

第三节　逆向技术溢出与国际市场势力的构建

一、问题的提出

全球价值链（global value chain）分析框架将世界经济中的每一个产业分割成紧密联系的片段化区域模块分布于世界各地，这些片段化区域模块尽管在地理位置上彼此分割，但通过跨国公司的信息链、物流链、资本链以及技术链紧密相连，使得跨国公司可以充分运用世界各国乃至各地方的比较优势，实现成本的极小化。这些被融入全球价值链的区域化模块就是地方产业集群，这种治理模式为包括中国在内的地方产业集群嵌入全球价值链，主动承接发达国家的产业转移并进一步促进地方乃至国家经济结构转型提供了条件。然而事与愿违的是，发达国家跨国公司通常会利用其在资金、技术以及营销手段等方面的优势控制产业链的高附加值环节，而将低附加值环节转移到发展中国家，因此长期来看中国的地方产业集群很可能会实现价值链的低端"锁定"。地方产业集群突破这种低端锁定的根本手段在于主动"走出去"拓展自身的国际市场势力，通过对价值链"微笑曲线"两端的攀升来提升其在国际市场中的价格影响力。作为我国国民经济的战略性、基础性和先导性产业，电子信息产业即是在这样的背景下发展起来，并嵌入了全球电子信息产业价值链条中。江苏是中国的电子信息产业聚集地，在主动承接跨国公司价值链转移的过程中，江苏逐步形成了电子信息产业集群，然而在嵌入全球价值链的过程中，江苏电子信息产业也逐步显现出"大而不强"的特征，这与江苏电子信息产业整体缺乏国际市场势力的现实是相一致的。基于这一现实，在被动接受跨国公司价值链转移的同时，主动走出去向价值链的高附加值环节延伸，通过海外直接投资拓展市场势力就成为江苏电子信息产业的必然选择。然而，以拓展产业集群整体市场势力为战略目标的海外直接投资与单个企业的市场寻求、资源寻求乃至技术寻求型的海外直接投资相比，具有更高的要求。简单而言，与市场寻求、资源寻求乃至技术寻求型的海外直接投资相比，单个企业的分散式投资模式难以满足地方产业集群国际市场势力构建的战略目标，而需要通过集群内部企业之间协同配合、产业层面的规制乃至政府政策协调下形成集群式投资，由单个企业为主体转变为地方产业集群为主体开展对外直接投资才能够实现整个产业集群的国际市场势力拓展，这种以地方产业集群为主体的海外直接投资模式即为"集群式"海外直接投资。本书接下来将首先阐述分散式海外直接投资与产业集群国际市场势力拓展之间的不适应，在此基础上对集群式海外直接投资对地方产业集群国际市场势力拓展的促进做理论解释，进一步以江苏电子信息产业集群为例进行实证考察，最后提出相应的对策建议。

二、逆向技术溢出拓展地方产业国际市场势力的理论机制

当前我国企业对外直接投资的动因主要为两种：企业自身的利益寻求动机和政府主导的政策推动，这两种动因的海外直接投资均为以单个企业为主体的分散式海外直接投资，并未形成产业集群内部的分工协作。在这两种模式的海外直接投资中，前者在巨大的国际市场风险面前，很可能导致单个企业望而却步，在很多领域缺乏国际化经营的先行者；而后者则可能在政府的政策推动下形成企业海外投资行为的一哄而上，形成产业集群的内部耗散，浪费我国当前并不充裕的国际化经营资

本。而产业集群式海外直接投资则可以避免以上现象的发生，推进地方产业集群整体的国际市场势力拓展。具体而言，集群式海外直接投资推进地方产业国际市场势力拓展的理论机制包括以下几点：

（一）国际市场开拓成本分担机制

在所有国际市场进入模式中，海外直接投资模式是成本最高的一种。海外直接投资的成本包括高昂的固定投入、信息搜寻成本、谈判成本以及后期的合约履行控制成本等，尽管通过其他模式进入国际市场可以降低这些成本，但要在国际市场获取以价格控制能力为基础的利益分配控制权，只有通过海外直接投资。单个企业的分散式海外直接投资常常难以担负如此高昂的成本，这会阻碍很多资金实力不够强的国内企业进入国际市场，而少数具有实力的企业在国际市场的单打独斗显然难以获取整个产业集群的国际市场势力。集群式海外直接投资可以在地方产业集群内部形成内源式融资渠道，为集群内部开展国际化经营的企业提供更为充足的资金，分担其高昂的国际化经营风险。这一机制不仅可以增强国际化经营主导企业的资金实力，也可以通过内源式融资渠道为不具备国际化经营的产业集群培育和形成具备国际化经营实力的国际企业，增强产业集群的整体经营实力。

（二）国际化经营风险分担机制

单个企业开展国际化经营与国内市场开拓相比，面对的市场竞争要更加激烈，相应的就要承担更多的风险，包括国际政治风险、汇率风险、文化融合风险、人力资源风险、品牌风险、营销风险等，而中国企业在海外直接投资过程中均普遍缺乏国际化经营的经验，单个企业面对如此多的风险并不能应对自如，甚至可能因为这些风险的存在而使得很多国内企业放弃开展海外直接投资的动机。不走向国际市场参与国际竞争显然无法有效拓展国际市场势力，在全球价值链中只能被动接受跨国公司的安排。开展集群式海外直接投资可以有效地分担这些风险，以产业集群代替单个企业面对复杂的国际市场竞争，增强单个企业开拓国际市场的动力，减小单个企业的潜在损失。

（三）产业集群优势集中机制

与发达国家开展海外直接投资的跨国公司相比，中国企业在海外直接投资过程中并不具备普遍的竞争优势，而更多的是基于与发达国家相比的比较优势，这些比较优势甚至不体现在单个企业身上。裴长虹等（2010）指出，中国企业在对外直接投资中占主体地位的是国有企业，这些企业在我国并不占大多数，因此这些企业的对外直接投资行为不能代表我国企业的整体优势。我国企业开展对外直接投资依据的是国家特定优势，包括政府良好的政策引导优势和产业集聚形成的集聚优势。由此可见，通过集群式对外直接投资可以有效地规避我国企业在分散式海外直接投资中所不具备的国家特定优势，而可以将产业集群的整体优势发挥出来，在政府的良好政策指导下，产业集群优势可以包括劳动力成本优势、外部规模经济优势、产业协同优势等，从而使得我国地方产业可以整体借助海外直接投资拓展国际市场势力。

（四）产业内部耗散规避机制

前文已经述及我国企业对外直接投资动因分为政策促进动因和企业自发利益寻求动因，当前从数额来看，前者占多数，但从发生频率来看，后者显然更多。企业基于自发的利益寻求动因开展的海外直接投资很容易形成恶性竞争，单个企业凭借劳动力成本优势，在完全竞争的市场结构中很容易将不多的利润耗散掉，不能有效地积累国际化经营的动态优势。通过集群式海外直接投资可以在产业集群内部进行分工协作，有优势的企业开展国际化经营，开拓国际市场，无优势的企业则专注产品生产，提高产品生产规模和质量，发挥各自特长并各取所需，以产业集群整体的国际市场势力拓展带动单个企业的国际市场势力构建。

（五）信息共享机制

企业开展国际直接投资活动，需要广泛深入的国际市场信息，不仅包括需求信息、市场竞争信息，更包括企业自身的市场调研所难以获取的国际政治变化、技术变化、国际资本流动等广泛而复杂的信息，这些显然不是单个企业可以广泛获取的，只有通过政府机构、行业协会等的积极参与，才能为产业集群中的每个企业提供这些信息。

三、基于国际市场势力拓展的 OFDI 组织形式

前文已经得出基本结论，分散式海外直接投资不符合我国各地方产业集群内单个企业的企业特定优势，难以通过单个企业的分散式投资建立企业国际市场势力，产业集群的国际市场势力更是难以建立。因此只有开展集群式海外直接投资才能够充分发挥地方产业集群的集聚优势，从而通过产业集群的国际市场势力构建带动单个企业的国际市场势力拓展。与分散式海外直接投资相比，集群式海外直接投资如果要达到拓展地方产业国际上市场势力的战略目标，需要从产业层面设计一套科学合理的组织架构，将产业集群、政府机构、集群内企业均纳入到这个架构中，才能有效发挥地方产业集群在国际市场的集群优势，拓展整个集群的国际市场势力。本书将从集群式海外直接投资的主体选择、集群内部成员分工和政府角色定位及政策选择三个方面建立一个集群式海外直接投资的组织框架。

（一）主体选择

集群式海外直接投资的战略目标不是单个企业的利益最大化，因此集群式海外直接投资不可以单个企业为投资主体，而应该是产业集群整体为投资主体。本书认为，产业集群的成员应该包括本产业内规模不同的各个企业、配套产业的企业、政府产业管理机构以及行业协会等产业协调机构，在集群式海外直接投资中，这些机构均应参与进来，将海外直接投资行为由单个企业的分散式自主行为转变为产业发展的整体行为。通过产业内部成员的分工协作，减少内部耗散，提高海外直接投资的整体效率和成功率，才可以提升产业的国际市场势力，使每个企业的利益得到最大化。

（二）集群内部分工

1. 建立行业协会等协调机构

行业协会是介于政府与企业之间，同时也介于生产者与消费者之间

的民间机构，是联系政府与企业，同时也是联系生产者与消费者的不可或缺的机构。在当前激烈的国际竞争中，行业协会已经成为企业积极参与国际竞争，充分利用国际惯例规则并积极面对国际经济争端的不可或缺的组织。在海外直接投资中，行业协会同样需要扮演行业市场信息搜集调研和提供、协调企业与企业之间关系以及国际经营风险评估和建议的作用。当前我国企业开展国际经营的过程中普遍发挥作用的是全国性行业协会，这与产业集群的区域性并不相符，需要突出地方行业协会的作用，甚至在协调地方产业集群内部企业关系中应当以地方行业协会为主。在集群式海外直接投资中，行业协会同时需要承担协调企业对外直接投资行为，避免盲目竞争性海外直接投资行为的作用。具体而言，行业协会需要协调好不同规模企业在海外直接投资中的作用，指导和说服中小企业避免盲目开展跨国并购等成本高、成功率低的海外投资行为，为大型企业的海外投资提供信息支持。

2. 集群内企业的分工

产业集群内的企业因规模的不同，在资金实力、技术优势以及管理和营销经验方面均存在显著的差别，在开展海外直接投资的过程中，大企业的实力强，抗风险能力强，而中小企业却具有灵活多变的特征。因此，在不同类型的海外直接投资中，大、中小企业应该有所甄别，各取所需。对资金、技术、营销管理经验等要求高的跨国并购、绿地投资，应该成为大企业的选择，而中小企业应该选择实力要求较弱的非股权安排的投资。在绿地投资和跨国并购等大规模海外直接投资中，大中小企业也应该相互配合，协作进行。本书认为，在大规模海外直接投资中，大中小企业可以通过共同出资，按资分配收益和承担风险。大企业承担海外投资的大部分，吸收中小企业进来可以为其分担风险，分摊成本，中小企业也有机会参与国际化经营，并获取国际经营的经验，有机会成长壮大。在投资领域上，大企业可以投资于研究开发、市场开拓等领域，而中小企业可以广泛地投资于生产加工领域。

3. 核心企业与配套企业的分工

产业集群并非单一的产业，除生产该产业产品的核心企业外，还包括为核心企业提供配套的上下游企业，这些企业也应该纳入到集群式海外直接投资的分工体系中。在产业集群内，配套企业为核心企业提供了技术支持、资金支持以及营销、渠道支持，核心企业国际市场势力的拓展离不开配套企业的配套支持。在海外直接投资中，配套企业也应该积极配合核心企业，在具体操作中，核心企业可与配套企业合资组建技术研发机构、分销渠道、营销组织等，在增强自身海外经营能力的同时，分摊海外经营的成本，而配套企业也可以分享海外经营的收益。

（三）政府角色定位及政策选择

1. 建立产业管理机构

产业管理机构与行业协会相区别，是政府行政性管理机构，通过行政命令管理产业集群内的所有企业。当前我国中央各部委以及地方政府各部门主要设立的是大的产业管理机构，并未细分到具体的产业集群管理机构。在产业集群的管理中，各地方政府应结合本地经济发展的特点，针对本地具有代表性的产业集群设立专门性的管理机构，做到管理专业化，建议合理化，政策科学化。

2. 提供国际市场信息服务

企业海外直接投资所需信息除需求信息外，还包括广泛的国际政治信息、文化信息、资本流动信息以及汇率信息等，这些通过企业的市场调研很难准确获取，政府可以通过驻外使领馆、海外派驻机构以及与其他国家的长期交往获取较为准确的信息，将之提供给企业指导企业提供正确的海外投资决策，提升投资的成功率，降低投资风险。

3. 提供政策支持

一是提供金融支持。当前中国企业海外直接投资融资渠道较为单一，很多企业甚至会因为融资问题而缺乏走出国门的动机。政府提供的金融支持不会成为企业海外投资金融资源的主体，但可以为企业的海外投资动机提供动力。政府可通过政策性金融机构为产业集群式海外投资提供直接的融资支持，并通过行政命令，为可以促进地方产业结构提升的整体性海外投资行为提供融资支持，同时政府还可以为企业的海外投资融资行为提供担保，以帮助企业获取金融资源。

二是提供财政支持。地方政府可设立专项资金，鼓励企业在国外设立研发机构，鼓励跨国工程承包合作和劳务合作，给予这些企业以直接的财政补贴；为中小企业的联合投资提供直接的资金支持，以财政资金作为中小企业联合的启动资金；为集群式海外投资行为提供税收减免措施，降低其走出国门的财政负担。

三是简化外汇审批手续。尽管我国当前对企业外汇已经简化了很多审批手续，但仍存在较长的审批周期，对以产业集群形式开展的海外投资，其实很难成为资金外逃的工具，对这种形式的海外投资完全可以进一步简化审批手续，将对外投资转向集群式投资。

四、基于江苏电子信息产业的经验研究及启示

江苏是中国的电子信息产业聚集地，在经历国际金融危机的冲击后，江苏省内的电子信息产业正在经历产业结构的调整和提升，物联网、液晶显示、集成电路等领域近期的快速进展显示，在苏南电子信息产业的带动下，江苏正不断向电子信息产业的高端市场迈进。目前全省共拥有 1 个国家级电子信息产业基地、4 个国家级电子信息产业园、12 个省级电子信息产业基地、15 个省级电子信息产业园，形成了沿江沿沪宁线信息产业密集带，4 家省级电子信息产业基地成为"国家新型工业化产业示范基地"。江苏电子信息产业集群发展成就的取得离不开产业的整体布局，江苏陆续出台《江苏省软件产业促进条例》《江苏电子信息产业十二五规划纲要》《江苏省电子信息产业调整和振兴规划纲要》，对江苏电子信息产业的集群式发展进行整体协调。江苏电子信息产业的集群式发展和海外直接投资的存在以下几点经验可供借鉴：

（一）壮大骨干企业规模

继续组织实施软件产业"十百千亿企业培育计划"，建立重点企业联系制度；抢抓今后几年智慧城市建设和特色电子商务、软件服务化、移动互联网服务、云计算、物联网等新型业态快速发展的机遇，鼓励企业加大研发投入，促进企业做大做强。

（二）鼓励兼并重组

促进要素向优势企业集中、向行业龙头企业集聚，鼓励优势企业整合国内资源，拓展产业链，将一批拥有自主知识产权和知名品牌、主业突出、行业领先的大企业集团建设成为百亿元级行业龙头企业。支持企业"走出去"兼并或参股拥有先进技术、知名品牌、核心专利、人才团队和营销渠道的海外企业，提高管理水平，增强国际竞争力。鼓励金融机构对电子信息企业重组给予支持。

（三）深化国际科技合作与交流

既要坚持走开放式创新道路，深化国际科技合作和交流，又要加快确立企业创新主体地位，重点支持和引导创新要素向企业集聚，促使企业真正成为研究开发、技术投入、创新活动、创新成果应用的主体，促进全产业链整体升级和创新。

第五章

OFDI 逆向技术溢出的国际经验研究

第三章和第四章通过对罗默（1995）模型进行简单拓展的情况下，对母国对外直接投资促进本国技术进步的机制做了理论上的分析，实证检验的结果也支持母国对外直接投资可以通过逆向技术溢出促进母国技术进步。本章以及下一章将对母国技术吸收能力和东道国区位特征对逆向技术溢出的影响做进一步研究。本章将首先对母国技术吸收能力对逆向技术溢出的影响机制做理论分析，并利用跨国面板数据进一步对母国技术吸收能力影响逆向技术溢出的机制做实证考察。与前一章的试探性实证分析相比，本章将对母国技术吸收能力做进一步拓展，从单一的人力资本扩展到人力资本、研发投入、对外开放度、金融发展以及母国经济发展水平等五个维度；在数据采集上，本章也将进一步增加前一章的数据样本数量，以尽可能回归出逆向技术溢出的普遍规律。在内容安排上，本章将首先进一步分析母国技术吸收能力影响逆向技术溢出的机制，通过技术吸收能力的重新定义和进一步拓展，找到母国方面影响逆向技术溢出效果的吸收能力指标，在此基础上建立实证模型，对技术吸收能力影响逆向技术溢出的机制做实证考察，并进而给出分析和建议。

第一节　基于跨国面板数据的实证证据

一、计量模型的设定

根据（3.17）式所得结论，开放条件下，一国以技术获取型对外直接投资获取国外先进技术时，其技术进步率的主要决定因素为人力资本积累、研究与开发投入以及对外直接投资反向技术溢出，其中反向技术溢出的效率还受到本国技术吸收能力和与技术先进国之间的技术差距的影响。设定（3.18）式中的其他变量为外生变量，同时为了重点考察本书主要研究的反向技术溢出对本国技术水平的提升，设定如下计量模型：

$$logg_{it} = a + b_1 logH_{it} + b_2 logR_{it} + b_3 logFRD_{it} + \varepsilon_i \qquad (5.1)$$

$$logg_{it} = a + b_1 logH_{it} + b_2 logR_{it} + b_3 H_{it} \times logFRD_{it} + \varepsilon_i \qquad (5.2)$$

$$logg_{it} = a + b_1 logH_{it} + b_2 logR_{it} + b_3 u_{it} \times logFRD_{it} + \varepsilon_i \qquad (5.3)$$

其中（5.1）式用于考察对外直接投资逆向技术溢出对本国技术进步率的影响，（5.2）式用于考察本国技术吸收能力对逆向技术溢出的影响，本书用本国人力资本作为技术吸收能力的代理变量，（5.3）式考察与东道国之间技术差距对反向技术溢出的影响。

二、样本选择与指标计算

本书研究的目的应是为我国利用对外直接投资促进国内技术进步提供启示，因此最好是利用我国对外直接投资的相关数据进行实证分析，并寻找我国对外投资在促进国内技术进步方面的不足。但利用中国数据存在以下几个问题：一是我国的对外直接投资起步晚，数据统计周期短，不能为实证检验提供较好的样本；二是我国的对外直接投资大部分是资源和市场获取型的，技术获取型的动机并不明确。基于以上分析，本书最终采用跨国面板数据进行实证分析，以检验对外直接投资促进母国技术进步的普遍规律，进而为我国利用对外直接投资促进国内技术进步提供有益的启示。

技术寻求型对外直接投资的发起者一般是技术相对落后的国家，而东道国一般是技术相对先进的国家。考虑到美国无论从综合实力还是技术创新能力来看，均是当前世界上的领先者，因此本书选择美国作为实证研究的东道国。尽管从技术寻求的动机来看，广大发展中国家更可能成为技术寻求型对外直接投资的发起国（即投资母国），但广大发展中国家对外投资能力有限，当前的投资规模无法体现显著的技术寻求动机。同时，相对于技术发达的美国而言，其他发达国家的技术水平并不先进，因此其他发达国家对美国的投资仍然体现着显著的技术寻求动机，因此本书在实证研究中不区分技术寻求型对外直接投资的母国特征。本书做上述安排的另一个重要原因是数据的可得性，在主要的数据库中，发展中国家的对外直接投资统计并不完整，甚至很多国家的数据缺失为零，其他发达国家的数据可以补充这些缺失的样本。指标计算中所涉及的数据及来源见表 5 – 1。

表 5 – 1　　　　　　　　　实证检验指标含义及数据来源

指标	计算方法	涉及数据	数据来源
g_{it}	用全要素生产率代理	各国 GDP、资本、劳动投入	联合国贸发会议
FRD_{it}	$FRD_{ij} = \dfrac{OFDI_{ij}}{FDI_j} RD_j$	各国对美国的直接投资	美国经济分析局网站
		美国吸引外资的总额	联合国贸发会议
		美国的研究与开发资本	世界银行统计数据库
H_{it}	用各国教育经费支出代理	各国教育经费支出	世界银行统计数据库
R_{it}	各国研发资本	各国研究与开发投入	世界银行统计数据库
u_{it}	用美国与各国人均产出比值代理	各国人均产出	世界银行统计数据库

g 表示本国的技术进步率，同时根据本书的理论分析，知道在平衡增长路径上，技术进步率应与经济增长率相等，因此反向技术溢出的作用应最终体现为对经济增长的影响，所以本书对技术进步率最好的代理变量应该是稳态经济增长率。但现实中大部分国家不会处于稳态增长状态，所以经济增长并不能很好地体现技术进步率，所以本书选择全要素生产率表示各国技术进步。目前全要素生产率的核算较为常用的是计量回归法和曼奎斯特指数法，其中计量回归简单易操作，但不如后者能较为深入地分析技术进步的效率、规模等因素，好在本书的重点并非在此，因此本书选择计量回归的方法进行简单的全要素生产率的估算。

为了使问题简化，本书设定各国的生产函数均为简单的柯布 – 道格拉斯生产函数：

$$Y = AK^{\alpha}L^{\beta} \tag{5.4}$$

其中 Y 表是总产出，A 表示全要素生产率，K、L 分别表示资本和劳动，α、β 的含义与设定与（3.1）式相同。为了获得有针对性的技术进步率指标，在此所使用的样本国家与本书主体实证检验所选择的样本国家相同均为表 5 – 3 所列的 17 个样本国家。全要素生产率的具体计算过程为：首先，将生产函数转变为转变为简单的计量模型：

$$\log(Y/L) = C + \alpha\log(K/L) + \varepsilon \tag{5.5}$$

其次，通过世界银行数据库获得相应样本国家的 GDP、全社会劳动力以及资本形成额作为总产出 Y、资本 K 和劳动 L 的代理变量，并输入 Eviews6.0 进行回归获得参数 α；最后将参数 α 以及各样本国家各期的资本、劳动数据代入生产函数即可获得相应的全要素生产率估算值。

（5.4）式的回归结果见表 5 – 2：

表 5 – 2   资本产出弹性计算结果

变量	参数	T 统计量	P 值
log(K/L)	0.648117	22.85468	0.0000
C	5.221970	10.11500	0.0000

续表

变量	参数	T 统计量	P 值
AR（1）	0.969698	46.46604	0.0000
R^2	0.992137	F 统计量	9463.105
Adjusted R^2	0.992032	P 值（F 统计量）	0.000000
D－W 值	1.927588		

注：回归周期为 1997 ~ 2006 年，为了消除自相关性，加入了 AR（1）过程。

从表 5－2 的结果中可以看出，（5.5）式较好地得到了系数 α ＝ 0.6481，这一资本产出弹性也符合常规的经验。加入 AR（1）过程也较好地消除了自相关性。将 α ＝ 0.6481 代入（5.4）式，并结合各样本国家的资本、劳动数据计算得到各国的全要素生产率，见表 5－3。

表 5－3　　　　　　　　　样本国家（地区）全要素生产率

年份 国家（地区）	1997	1998	1999	2000	2001	2002	2003	2004	2005	2006
阿根廷	1.97	1.97	1.99	2.01	2.04	1.94	1.90	1.85	1.85	1.84
澳大利亚	2.05	2.02	2.01	2.01	2.03	2.02	2.02	2.05	2.06	2.06
巴西	1.92	1.91	1.86	1.85	1.82	1.84	1.85	1.85	1.91	1.93
加拿大	2.07	2.06	2.07	2.09	2.10	2.09	2.11	2.11	2.12	2.12
丹麦	2.12	2.12	2.14	2.11	2.12	2.13	2.17	2.18	2.18	2.17
法国	2.16	2.15	2.13	2.10	2.11	2.13	2.16	2.17	2.17	2.16
德国	2.10	2.09	2.09	2.07	2.09	2.13	2.17	2.19	2.19	2.18
中国香港	1.97	2.01	2.04	2.02	2.04	2.06	2.07	2.07	2.10	2.09
意大利	2.12	2.12	2.11	2.09	2.09	2.09	2.13	2.15	2.15	2.15
日本	2.05	2.05	2.09	2.09	2.08	2.10	2.11	2.12	2.12	2.11
韩国	1.82	1.87	1.86	1.87	1.87	1.89	1.90	1.92	1.94	1.96
科威特	2.17	2.05	2.13	2.25	2.14	2.10	2.14	2.14	2.21	2.25
荷兰	2.08	2.07	2.07	2.07	2.08	2.12	2.15	2.18	2.18	2.17

续表

年份 国家（地区）	1997	1998	1999	2000	2001	2002	2003	2004	2005	2006
俄罗斯联邦	1.75	1.80	1.74	1.72	1.70	1.75	1.77	1.82	1.87	1.89
新加坡	1.94	1.99	1.96	1.95	2.00	2.03	2.15	2.08	2.12	2.12
瑞典	2.18	2.17	2.16	2.14	2.13	2.16	2.20	2.22	2.21	2.20
英联邦	2.14	2.13	2.14	2.14	2.14	2.16	2.19	2.21	2.21	2.21

资料来源：作者计算整理。表中所列数值均为全要素生产率的对数值，以消除在计算过程中原始数据的价格因素。限于篇幅，原始数据作者留存，如有需要可向作者索取。

FRD 表示通过对外直接投资反向外溢的东道国研发资本，用来表示逆向技术溢出对本国技术进步的影响。借鉴科和惠而浦曼（1995）研究进口技术溢出的指标，本书设定 FRD 的计算方法为：

$$FRD_{ij} = \frac{OFDI_{ij}}{FDI_j} RD_j$$

其中 FRD_{ij} 表示 i 国从 j 国通过反向技术溢出获取的研发投入，$OFDI_{ij}$ 表示 i 国向 j 国的直接投资，FDI_j 表示 j 国吸收的外商直接投资的总和，RD_j 表示 j 国的研发资本。

H 表示本国的人力资本。当前研究中用于表示人力资本的方法主要有投入法产出法。产出法是利用表征人力资本产出的变量代理人力资本，其中最符合实际的应该是平均受教育年限，但限于数据的可得性，在国际数据中少有较为详尽的统计，因此本书只能放弃这一做法。投入法是利用各国对人力资本的投入作为代理变量，而众多投入数据中最有说服力的是教育经费投入，而这一数据在世界银行数据库中有较为完整的统计，因此本书选择教育经费作为各国人力资本的代理变量。

RD 表示本国的研发投入，用各国的研究与开发投入表示；u 表示本国与东道国之间的技术差距，用东道国与母国之间的人均产出比值表示。下标 i、t 分别表示国家和时间，方便用面板数据进行实证考察。

三、数据检验

1. 变量的描述性统计

美国经济分析局公布的各国对美国直接投资的数据只包括 1997～2006 年，因此其他指标的数据周期均为这一期限。所幸我们并不是要研究一个新的经济现象，而是研究对外直接投资逆向技术溢出的普遍规律，因此不需要格外关注数据的时效性。通过计算，并剔除数据不全的绝大部分国家，我们选择了对美国直接投资较多，且具有明显技术寻求特征的 17 个国家作为研究样本。我们选择的依据是表 5－1 中的技术差距指标。我们认为人均产出是能够表征一国技术水平的重要指标，投资于美国的直接投资母国人均产出低于美国，则该国对美国的直接投资就为明显的技术寻求型直接投资。最终本书样本国家以及与美国之间的技术差距见表 5－4。

表 5－4　　　　　样本国家（地区）与美国的技术差距

国家（地区）＼年份	1997	1998	1999	2000	2001	2002	2003	2004	2005	2006
阿根廷	3.69	3.83	4.30	4.56	4.99	13.59	11.21	10.09	8.98	8.13
澳大利亚	1.28	1.48	1.62	1.61	1.83	1.82	1.62	1.32	1.25	1.23
巴西	5.80	6.36	9.77	9.49	11.47	13.09	12.57	11.16	8.96	7.70
加拿大	1.42	1.55	1.54	1.49	1.56	1.57	1.40	1.30	1.21	1.14
丹麦	0.94	0.97	1.02	1.17	1.20	1.14	0.97	0.89	0.89	0.88
法国	1.28	1.30	1.38	1.61	1.65	1.57	1.33	1.23	1.26	1.26
德国	1.15	1.19	1.28	1.53	1.57	1.51	1.30	1.22	1.27	1.27
中国香港	1.11	1.24	1.35	1.38	1.45	1.52	1.62	1.65	1.63	1.61
意大利	1.44	1.47	1.57	1.81	1.82	1.72	1.45	1.35	1.39	1.40
日本	0.88	1.02	0.95	0.94	1.10	1.18	1.13	1.11	1.19	1.31
韩国	2.70	4.25	3.49	3.09	3.37	3.04	2.84	2.68	2.42	2.27
科威特	1.68	2.15	2.06	1.81	2.07	2.00	1.70	1.48	1.19	1.03

续表

年份 国家（地区）	1997	1998	1999	2000	2001	2002	2003	2004	2005	2006
荷兰	1.22	1.24	1.28	1.45	1.44	1.36	1.15	1.08	1.09	1.08
俄罗斯联邦	11.02	17.18	24.89	19.76	17.10	15.50	12.84	9.81	7.97	6.42
新加坡	1.10	1.30	1.53	1.47	1.63	1.70	1.68	1.54	1.47	1.41
瑞典	1.06	1.10	1.14	1.26	1.41	1.31	1.09	1.00	1.04	1.02
英联邦	1.30	1.27	1.30	1.40	1.44	1.36	1.22	1.10	1.12	1.11

注：表中所列数值为美国与各国人均产出的比值，人均产出均为当年价格计算。限于篇幅，原始数据作者自行保留，如有需要可向作者索取。

从表5－4中可见，除丹麦和日本的部分年份外，其他所有国家历年的人均产出均小于美国，因此本书样本国家对美国的直接投资具有典型的技术寻求特征。经计算，各变量描述性统计结果见表5－5。

表5－5　　　　　　变量的描述性统计

变量 统计值	g	FRD	H	R	u
均值	3.226794	25954.12	49480.76	28129.93	3.047459
中值	3.038353	4012.943	30566.45	13868.59	1.445412
最大值	17.32000	140563.0	163512.4	163770.7	24.89356
最小值	－10.89448	24.63229	1688.624	68.61773	0.882978
标准差	3.346274	34808.67	46473.72	38903.29	4.013801
偏度	－0.063242	1.224145	0.964898	2.044720	2.773429
峰度	6.379780	3.654496	2.636656	6.460928	11.02052
观测值	170	170	170	170	170

各指标的相关性检验见表5－6。

表5－6　　　　　　变量的相关性检验

	g	H	FRD	u	R
g	1.00	0.36	0.46	－0.31	－0.79
H	0.36	1.00	0.76	－0.01	－0.27

续表

	g	H	FRD	u	R
FRD	0.46	0.76	1.00	-0.07	-0.33
u	-0.31	-0.01	-0.07	1.00	0.43
R	-0.79	-0.27	-0.33	0.43	1.00

从表5-6中可见，人力资本变量与对外直接投资逆向技术溢出变量之间存在较高的相关性，为了消除这一自相关性，本书将在回归时加入 AR 过程。

为了避免"伪回归"，还需对各指标变量进行单位根检验。根据协整理论，只有同阶平稳的数据才可以进行面板数据模型的检验。本书选择常用的"ADF"检验方法，借助 Eviews6.0 软件进行单位根检验，对所有数据一阶差分的序列进行单位根检验，检验结果报告见表5-7。

表5-7　　　　　　　指标序列一阶差分单位根检验结果

指标序列	ADF 统计量		P 值	结论
g	ADF – Fisher Chi-square	58.0344	0.0063	一阶平稳
	ADF – Choi Z – stat	-2.3755	0.0088	
FRD	ADF – Fisher Chi-square	96.4868	0.0000	一阶平稳
	ADF – Choi Z – stat	-5.0571	0.0000	
H	ADF – Fisher Chi-square	70.2269	0.0003	一阶平稳
	ADF – Choi Z – stat	-4.0221	0.0000	
R	ADF – Fisher Chi-square	51.9774	0.0249	一阶平稳
	ADF – Choi Z – stat	-1.4156	0.0784	
u	ADF – Fisher Chi-square	83.1147	0.0000	一阶平稳
	ADF – Choi Z – stat	-3.6688	0.0001	

资料来源：作者计算整理，限于篇幅，原始数据作者自行保留，如有需要可向作者索取。

从检验结果可见，各指标均为一阶平稳序列，可进行面板协整的检验。借助 Eviews6.0 软件，选择常用的 Kao 协整检验和 Pedroni 协整检验，结果见表 5 - 8。

表 5 - 8   **Kao 检验和 Pedroni 检验结果（滞后阶数由 Schwarz 准则确定）**

检验方法	检验假设	统计量	统计量值	P 值
Kao 检验	H_0：不存在协整关系	ADF 统计量	- 1.6393	0.0506
Pedroni 检验	H_0：不存在协整关系	Panel v - Statistic	- 1.553223	0.9398
		Panel rho - Statistic	3.890393	0.9999
		Panel PP - Statistic	- 2.692350	0.0035
		Panel ADF - Statistic	- 1.524459	0.0637
	H_0：不存在协整关系	Group rho - Statistic	5.564580	1.0000
		Group PP - Statistic	- 4.974562	0.0000
		Group ADF - Statistic	- 1.713559	0.0433

资料来源：作者计算整理，限于篇幅，原始数据作者自行保留，如有需要可向作者索取。

上述检验区间为 1997～2006 年，从表 5 - 8 的检验结果可见，本书所研究的跨国面板数据之间存在协整关系。

四、实证结果及分析

经过以上数据检验，可知本书所选择的代理变量所代表的相应指标之间存在协整关系，将以上数据输入 Eviews6.0 并建立不考虑时期和截面效应的 Panel-data 模型，经过初步回归发现三个模型均存在 D - W 值过低的现象，初步判断为存在自相关现象，所以对三个模型均加入了 AR（1）过程，以消除模型的自相关性。同时，为了避免三个模型中变量的内生性问题，本书在实证考察中引入了工具变量，本书选择的工具变量为各国单位资本的用电量，数据来源为世界银行数据库。从实证结果来看该工具变量较好地消除了本书实证模型的内生性问题。实证结果见表 5 - 9。

表 5－9　　　　　　　　　　　　　　实证考察结果

自变量	模型 (18)			模型 (19)			模型 (20)		
	参数	t－值	P 值	参数	t－值	P 值	参数	t－值	P 值
H	-0.053627	-2.752444	0.0067	-0.088725	-3.252343	0.0014	-0.101010	-1.555107	0.1221
R	-0.012771	-0.904825	0.3670	-0.012771	-0.904825	0.3670	-0.033492	-1.039117	0.3004
FRD	0.035098	3.798826	0.0002	0.035098	3.798826	0.0002			
H * FRD									
u * FRD							0.064998	1.692288	0.0927
AR(1)	0.874874	27.19807	0.0000	0.874874	27.19807	0.0000	0.883563	27.10437	0.0000
R^2	0.878930			0.878930			0.570709		
Adjusted R^2	0.875658			0.875658			0.559106		
F 统计量	616.0912			616.0912			599.3871		
P 值（F 统计量）	0.000000			0.000000			0.000000		
D－W 值	2.053153			2.053153			1.989510		

资料来源：回归软件为 Eviews6.0，所有模型均加入了各国人均耗电量作为工具变量。表中所列指标在回归时均取对数值。限于篇幅原始数据作者留存，如有需要可向作者索取。

从表 5 - 9 的结果来看，三个模型均实现了较好的拟合优度，F 统计量也在较高的显著水平下表明模型的解释力。从 D - W 值来看，加入的 AR（1）过程也较好地消除了自相关性。本书在此关心的是对外直接投资对母国技术进步的影响。从三个模型的实证结果来看，包含对外直接投资反向技术溢出指标 FRD 的系数均为正数，且较好地通过了统计检验，表明对外直接投资对母国技术进步有显著的促进作用，可见本书的三个实证模型对理论分析的结论提供了较好的佐证。实证结果的具体分析如下：

1. 对外直接投资与母国技术进步

三个模型含有对外直接投资反向技术溢出指标 FRD 的系数回归结果均为正，且显著通过了统计检验，因此实证检验为对外直接投资促进母国技术进步提供了较好的实证证据。其中（3.18）式表明在不考虑吸收能力的条件下，对外直接投资对母国技术进步有直接的促进作用；（5.1）式的回归结果表明在考虑本国吸收能力的条件下，对外直接投资仍然存在显著的反向技术溢出效应；而（5.2）式的回归结果表明东道国与本国的技术差距也通过与反向技术溢出的交互作用，对本国技术进步有显著的促进作用。

2. 技术吸收能力与 OFDI 反向技术溢出的交互作用

从（5.1）式的回归结果可见，H 和 FRD 交互项的系数显著为正，且与单独对 FRD 进行回归的结果一致。这一结论与理论分析的结论也是一致的。可见一国在开展技术获取型对外直接投资时，关注本国的技术吸收能力的提高与关注对外直接投资同样重要。同时，限于篇幅，本书未对技术吸收能力的其他变量如对外开放度、研究与开发投入以及制度因素等做进一步的研究。可以预见，在加入其他吸收能力的变量后，（5.1）式的 FRD 项系数所表示的反向技术溢出效应将更为显著。在后续研究中尚需补充完善。

3. 技术差距与 OFDI 反向技术溢出的交互作用

（5.2）式较好地解释了技术差距对反向技术溢出的影响。尽管从绝对值来看，（5.2）式的 FRD 系数较（5.1）式的大，表面看来技术差距对反向技术溢出的影响要大于以人力资本衡量的吸收能力，但从统计显著性来看，（5.2）式的 FRD 系数较（5.1）式的要差很多，因此技术差距对反向技术溢出的影响与吸收能力相比，要更为复杂，可能不是单一的促进作用。过小或过大的技术差距均不利于反向技术溢出的吸收。

4. 人力资本、研发投入对技术进步的直接作用

三个模型的结果均显示人力资本与研发投入对各国技术进步的贡献为负，这显然不符合经济现实，好在从统计性质来看，除（3.19）式和（5.1）的人力资本变量外，其他模型的其他变量在统计上并不显著。这也从侧面印证了前面理论分析的结论，即人力资本和研发投入对技术进步的贡献不可能是简单的线性关系，这从本书理论（3.18）式可以看出。在（3.18）式中，人力资本和研发投入对技术进步的贡献除了以本身作为自变量直接进入函数外，还通过对本国技术吸收能力的影响间接地进入函数，而本书并未考察这种间接的影响方式，所以实证模型考察的结果显示为负或者统计不显著也在情理之中。但本书实证考察的重点并不在此，进一步的研究将在后续研究中深入展开。

五、结论及建议

通过对罗默（1995）模型的简单扩展，并借鉴赖明勇等（2005）的做法，将对外直接投资反向技术溢出参数引入内生技术进步模型，本书研究发现对外直接投资可通过反向技术溢出促进本国技术进步率的提升，从而提高本国的稳态经济增长率。同时，反向技术溢出促进本国技术进步的效应还受到本国吸收能力和东道国特征的双重影响。而基于跨国面板数据的实证结果也较好地印证了这一结论。限于篇幅，本书并未对技术吸收能力和东道国特征展开研究，但实证考察已经初步发现本国人力资本积累和本国与东道国的技术差距对反向技术溢出效应的交互

影响。

中国的对外直接投资起步较晚，目前的对外直接投资仍然以资源寻求、市场寻求为主，在中国企业进行海外直接投资的决策中，技术寻求动机还并不强烈。本书的研究结论至少在以下几个方面可以为我国的对外直接投资提供启示：

1. 进一步明确对外直接投资的技术寻求动机

获取国际技术外溢是包括我国在内的广大发展中国家技术进步的主要手段之一，而当前我们可以利用的国际技术外溢渠道主要为国际贸易和利用外资，对外向直接投资的主动获取技术溢出的利用并不多。但相对于通过国际贸易和利用外资被动地接受国际技术外溢，通过技术获取型对外直接投资主动获取技术外溢具有针对性强、易消化吸收的优点。而根据本书的研究结论，对外直接投资反向技术溢出的效果，一方面取决于本国对外直接投资规模，但更为重要的是取决于对外直接投资的东道国特征以及本国与东道国之间的技术差距，这就告诉我们要有效地获取对外直接投资的反向技术溢出，必须对投资的目标国家和产业加以选择。也就是说，在开展对外直接投资时，必须明确技术获取的动机，在选择目标产业和目标区位时，以有助于促进本国技术进步作为标准。

2. 在获取国际技术溢出的同时要注重本国技术吸收能力的积累

当前我国企业存在的一个重要问题是"重引进，轻消化吸收"（千慧雄，2011）。根据本书研究的结论，本国的技术吸收能力与反向技术溢出之间存在着显著的交互作用。而本国的技术吸收能力可通过人力资本积累、研发投入以及制度改善等手段实现。在有了较好的技术吸收能力的条件下，可以更好、更快地实现反向技术溢出的吸收，在同样的反向技术溢出规模下，实现反向技术溢出的效率提升。提升本国技术吸收能力还需提高人力资本回报率，增加研究与开发投入以及采取更开放的经济制度。

3. 合理选择技术获取型对外直接投资的目标区位和产业

本书理论分析的结论已经证明，东道国与母国之间的技术差距会对对外直接投资反向技术溢出效率产生影响，而这种影响具有不确定性。东道国与母国之间过大或过小的技术差距，均不利于本国吸收反向技术溢出。同时，东道国的其他特征也会对本国的反向技术溢出效率产生影响，如东道国制度特征、人力资本状况以及研发强度等。我国在开展技术获取型对外直接投资时需要先对以上变量进行相应研究，选择有助于我国利用逆向技术溢出的目标区位，才能使得我国有限的海外投资资源实现较好的反向技术溢出效果。

4. 鼓励企业进行开放视角的决策

企业进行对外直接投资与否的唯一标准是利润，但在缺乏开放视角指导的企业很难有全球战略布局的眼光，更不会采取技术获取型的对外直接投资，这也是当前我国对外直接投资中技术获取型占比较低的一个重要原因。技术获取型的对外直接投资需要有开放的视角和全球布局的胸襟，这一切对习惯封闭条件下经营以及满足国内大市场的中国企业来说是极为匮乏的。因此在当前经济环境日益开放的现实下，必须培养我国企业利用开放环境的视野，使得企业懂得利用全球球资源实现本企业的长足发展。

第二节　技术吸收能力影响 OFDI 逆向技术溢出的作用机制

一、技术吸收能力的界定

技术吸收能力被广泛地应用于技术外溢问题的研究，用以表征母国通过对外直接投资技术外溢、对外贸易的技术外溢等途径获取东道国先进技术后，改善本国技术状况，实现本国技术进步的能力。母国技术吸收能力有广义与狭义之分：狭义的技术吸收能力是指企业技术吸收能力，科恩和利文索尔（Cohen & Levinthal，1989）首次提出了企业技术吸收能力的概念，用以表征企业认识、吸收并利用新知识、新信息进而促进本企业技术进步的能力，这一能力的最终目的是利用新技术获取商业目的。狭义技术吸收能力概念的提出，为企业合理利用资源实现技术进步提供了有益的启示，但企业技术进步并非完全由本企业的吸收能力和资源配置决定，同时，企业技术吸收能力也只能解释本企业的技术进步影响因素，本书要研究的国家技术进步的影响因素显然不能由企业技术进步解释清楚。阿布拉莫维茨（Abramovitz，1986）[①] 提出的社会能力即广义技术吸收能力能够更好地诠释国家技术进步的影响因素。社会能力除企业技术吸收能力外，将全社会影响和促进消化、吸收和利用新技术的能力均包括进来，包括完善的基础设施、金融支持、人力资本积累、研究开发投入等。本书需要考虑的是国家吸收对外直接投资反向溢出的新技术的能力，因此采用的是广义的社会能力表征的技术吸收能力。

二、技术吸收能力对 OFDI 逆向技术溢出效果的影响

1. 技术吸收能力对逆向技术溢出的直接效应

根据前一章的理论推导，稳态增长率可以表示为：

$$g_Y = g_C = g_K = g_N = \frac{H\delta[1 + G(R, H, O)\mu(u-1)] - \frac{\rho}{\beta}u}{1 + \frac{\delta}{\beta}u} \quad (5.6)$$

其中，g_Y，g_C，g_K，g_N 分别表示稳态增长路径上的总产出增长率、消费增长率、资本增长率以及技术进步率，H 表示人力资本，δ 表示技术生产效率或研发效率，G 表示本国技术吸收能力，u 表示与东道国之

---

① Abramovitz, M. (1986). "Catching Up, Forging Ahead, and Falling Behind". Journal of Economic History, 46：2, pp. 385 – 406.

间的技术差距，μ 表示本国的对外直接投资反向技术溢出效率。从
（5.6）式可以很直观地看出，母国技术吸收能力与反向技术溢出的效率
之间存在着交互作用，如果将它们的交互项定义为总的反向技术溢出效
率的话，则母国对外直接投资的反向技术溢出会受到母国技术吸收能力
的影响。同时，从（5.6）式的形式来看，（5.6）式中不仅包括本国技
术吸收能力，还包括人力资本 H，而人力资本同时也是技术吸收能力 G
的重要自变量，这在（5.6）式的形式中已经做了设定。严格地根据
（5.6）式进行考察，可以发现母国技术进步率与反向技术溢出之间的关
系还受到本国人力资本、研发效率，以及技术吸收能力、与东道国之间
的技术差距的影响。本章主要考察的是技术吸收能力的影响，如果将本
国人力资本、研发投入也作为技术吸收能力的考察指标，则从（5.6）
式很容易就看到反向技术溢出受技术吸收能力的影响包括两个途径，一
是以人力资本、研发效率等衡量的技术吸收能力的直接效应，二是在
（5.6）式中以与反向技术溢出效率相乘的形式体现的交互效应。基于以
上分析，本章建立以下实证分析模型：

$$\log g_{it} = a + b_1 \log H_{it} + b_2 \log R_{it} + b_3 G_{it} \times \log FRD_{it} + \varepsilon_i \qquad (5.7)$$

其中 g 表示技术进步率，H、R、G 的含义与（5.6）式相同，FRD
是以反向外溢的东道国研发资本表示的反向技术溢出率，用以表征
（5.6）式中的变量 δ。

（5.7）式中的 b_1 和 b_2 分别考察人力资本和研发效率对技术进步的
直接效应，b_3 考察技术吸收能力与反向技术溢出之间的交互效应。若
（5.7）式中的 b_3 系数回归结果为正，则说明母国技术吸收能力与反向
技术溢出的交互作用对母国技术进步有促进作用，反之，则表明吸收能
力阻碍反向技术溢出的吸收，对技术进步的贡献为负。技术吸收能力与
反向技术溢出之间的交互作用是本章需要考察的第一个机制：

假设 1：母国对外直接投资的反向技术溢出对本国技术进步有促进
作用，本国的技术吸收能力的增强，可以促进反向溢出的新技术的吸
收，从而强化反向技术溢出的效果，反之，则不利于新技术的吸收，弱

化反向技术溢出的效果。

2. 技术吸收能力对逆向技术溢出的非线性影响

根据对（5.6）式的进一步观察，发现如果当东道国人力资本、研发投入进入吸收能力的考察变量时，则吸收能力对技术进步的影响可能是非线性的，因此，本书建立如下非线性模型加以考察：

$$\log g_{it} = a + b_1 \log H_{it} + b_2 \log R_{it} + b_3 G_{it}^2 \times \log FRD_{it} + \varepsilon_i \qquad (5.8)$$

（5.8）式中各变量的含义与（5.7）式相同，但将 G_{it} 的指数修正为 2，如果（5.8）式的 b_3 回归系数为正，则表明在其他变量不变的情况下，母国技术吸收能力对本国技术进步的贡献是"U"形的，说明在母国吸收能力较弱时，本国对东道国的直接投资尽管会对本国反向溢出东道国的先进技术，但难以在本国进行有效的消化吸收，从而无法为本国技术进步提供有效帮助；只有当本国的技术吸收能力积累到一定数量时，才能够有效吸收通过对外直接投资反向外溢的东道国先进技术，从而有效促进本国的技术进步。因此，本书有母国技术吸收能力对逆向技术溢出影响的第二个机制：

假设2：母国对东道国直接投资逆向技术溢出促进本国技术进步具有"门槛效应"，只有当本国技术吸收能力达到"门槛值"[①]，这种逆向技术溢出的技术进步效应才能体现，否则，逆向技术溢出无法对本国技术进步提供显著的促进作用。

3. 技术吸收能力与技术差距的交互作用

我们将目光转向技术差距，从（5.6）式中很容易看出，技术差距变量对技术进步的作用在分子与分母中都有体现，对（5.6）式做简单的计算，就可以发现技术差距 u 对技术进步有促进作用，即 $\frac{\partial g}{\partial u} > 0$ 的条

---

① Borensztein 等（1998）最先发现了吸收能力的门槛效应。Borensztein E, De Gregorio J, Lee J－W. How Does Foreign Direct Investment Affect Economic Growth？［J］. Journal of International Economics，1998，（1）.

件是 $HG\mu > \dfrac{\rho + \delta}{\beta\delta}$。注意不等式右边均为常数，如果将左边 $H \times G$ 作为拓展的技术吸收能力指标，则该不等式表明较大的技术差距对母国技术进步有促进作用的前提是母国的技术吸收能力要足够强。由此有吸收能力影响母国对外直接投资反向技术溢出的第三个机制：

假设3：较大的技术差距可以为母国的反向技术溢出提供较大的学习空间，但这一反向溢出对母国技术进步有促进作用具有吸收能力的"门槛效应"，即较大的技术差距需要较强的技术吸收能力作为利用反向技术溢出的前提。

为了考察这一机制，本书建立（5.9）式并进行实证检验：

$$\log g_{it} = a + b_1 \log H_{it} + b_2 \log R_{it} + b_3 G_{it} \times u_{it} \times \log FRD_{it} + \varepsilon_i \qquad (5.9)$$

如果（5.9）式中的系数 b_3 回归结果为正，则表明技术吸收能力与技术差距的交互项对反向技术溢出的作用有强化。（5.9）式可以通过实证考察说明这样几个问题：第一，在技术差距足够大时，尽管母国可以获取较大的"后发优势"，但如果本国的技术吸收能力不足，则这种"后发优势"很可能会转变为"后发陷阱"，从而不利于本国的技术进步；第二，较强的本国技术吸收能力可以迅速消化吸收通过反向溢出获取的国际先进技术，为本国技术进步提供较大的空间；第三，东道国与母国之间存在较大技术差距时，母国可以通过增强本国技术吸收能力来强化本国获取的反向技术溢出，相反本国在技术吸收能力一定的条件下，存在"最优技术差距"，当技术差距大于这一最优值时，技术差距的扩大不利于本国利用逆向技术溢出，而小于这一最优值时，技术差距扩大有利于反向技术溢出。

第三节　OFDI 逆向技术溢出吸收能力的形成和测度

要对技术吸收能力影响逆向技术溢出的程度和机制进行实证考察，

首先必须要对技术吸收能力进行量化测度，而直接对技术吸收能力进行测度难度较大，当前尚未有较为统一的对技术吸收能力进行考察的指标。本书遵循较为常用的研究思路，从技术吸收能力的形成来源考察技术吸收能力。一般来说，一个国家在人力资本、研发投入、对外开放、金融发展以及技术基础设施等方面注重投入并加强建设，就自然会形成有助于消化、吸收和利用国际新技术的能力。因此，本书从以上五个指标对技术吸收能力的形成和测度进行定量研究。

一、人力资本

人力资本是生产新知识和新技术的核心要素，注重人力资本的积累不仅可以在新知识的生产中占有先机，作为以引进、消化和吸收新技术作为重要技术积累手段的后发国家，人力资本也同样是技术吸收能力的主要组成要素之一。在国际技术外溢的研究中，学者们早就将人力资本作为技术吸收能力的一个主要变量加以研究。伯仁斯坦等（Borensztein et al.，1998）[①] 指出发展中国家利用 FDI 促进经济增长的前提是本国的人力资本积累达到一个临界值。国内学者沈坤荣和耿强（2001）、赖明勇等（2005）基于中国的经验研究也得到类似的结论。可见，在以对外直接投资作为技术外溢渠道时，同样需要将人力资本作为主要的技术吸收能力指标加以考虑。人力资本的测度目前尚没有统一的指标，当前主要的测度方法有投入法和产出法。投入法是指通过考察人力资本的投入来考察人力资本的数量，主要有人均受教育年限法、教育支出法。产出法是指通过考察人力资本的产出，主要通过将教育与劳动收入联系起来进行考虑。考虑到数据的可得性，本书的人力资本数据主要来源为世界银行的世界发展指标（WDI），缺少详细的人力资本

---

① Borensztein, E., J. De Gregorio and J - W Lee, 1998, How does foreign direct investment affect economic growth [J]. Journal of International Economics, 45, 115 - 135.

数据，因此本书选择变通的做法，用与前一章相同的各国的教育经费支出衡量各国人力资本。同时，在考虑技术吸收能力时，人力资本所起的作用与直接作为新技术生产要素的人力资本有所区别，人力资本对技术吸收能力的影响更多的是作为一种相对指标在起作用，而不是看人力资本的实际总额。因此，在这里本书选择人力资本强度代替前一章的人力资本总额作为技术吸收能力指标。人力资本强度指标用公共教育经费投入占 GDP 的比重表示。从表 5－10 中我们可看出，主要发达国家人力资本强度均较高，而包括中国在内的发展中国家则普遍存在人力资本强度不强的现实。

表 5－10　　　　　　　　样本国家（地区）人力资本强度

国家（地区）	HR 强度	国家（地区）	HR 强度	国家（地区）	HR 强度
印度	2.4239	西班牙	4.9838	以色列	5.8341
新加坡	3.0774	韩国	5.0499	法国	5.8897
日本	3.3874	澳大利亚	5.1057	荷兰	5.9422
卢森堡	3.7448	墨西哥	5.292	爱尔兰	6.0593
巴拿马	3.8029	南非	5.4678	新西兰	6.4185
中国香港	4.4855	瑞士	5.5437	比利时	6.4777
加拿大	4.6249	奥地利	5.6042	芬兰	6.8051
德国	4.6359	英联邦	5.6266	瑞典	7.2893
意大利	4.6732	巴西	5.7173	挪威	7.32
中国	4.8409	马来西亚	5.7891	丹麦	8.724

资料来源：作者根据世界银行统计数据库计算整理。所列数据为 2009 年，限于篇幅其他数据作者留存。

二、研发投入

与人力资本变量相同，在本书的理论模型中也已经考虑了研发效率对技术吸收能力的影响。众多学者也发现了研发投入对一国技术水平的重要贡献，弗曼等（Furman et al.，2002）[①] 的研究发现OECD国家之间技术差距的90%是由研发投入决定的。然而在以技术获取为目标的对外直接投资中，研发投入对技术进步的贡献是通过增强技术吸收能力，从而消化、吸收和利用反向外溢的国际先进技术实现的。同时直观地看，研发投入与技术吸收能力之间应该是线性正相关的关系。而从前面理论模型的分析中，我们看到研发投入除了通过技术吸收能力影响逆向技术溢出之外，研发投入本身对技术溢出有直接的作用，因此综合来看，研发投入对逆向技术溢出的影响很可能是非线性的。与人力资本相似，研发资本在影响技术吸收能力时，也更多地是以研发强度的影响为主，因此，本书在此选择研发强度衡量技术吸收能力。本书选择的指标为研发资本占GDP的比重，数据来自世界银行的世界发展指标（WDI）。从表5-11我们可以看出，研发强度较强的均为主要发达国家和地区，而包括中国在内的发展中国家研发强度则较弱。

表 5-11　　　　　　　　　　样本国家（地区）研发强度

国家（地区）	RD强度	国家（地区）	RD强度	国家（地区）	RD强度
巴拿马	0.205149	中国	1.543893	奥地利	2.750852
墨西哥	0.338328	卢森堡	1.678622	德国	2.822369
马来西亚	0.687219	爱尔兰	1.765782	新加坡	2.94849
印度	0.738417	挪威	1.799105	瑞士	3.018503
中国香港	0.791027	荷兰	1.843075	丹麦	3.019375
南非	0.926722	英联邦	1.869276	日本	3.446227
巴西	1.086653	加拿大	1.954744	韩国	3.511452
新西兰	1.211362	比利时	1.961581	瑞典	3.551219
意大利	1.268406	法国	2.227386	芬兰	3.9614
西班牙	1.383574	澳大利亚	2.433046	以色列	4.273114

资料来源：作者根据世界银行统计数据库计算整理。表中所列数据为2009年，限于篇幅其他数据作者留存。

[①] Furman JeffreyL.，Michael E.，Porter and Scott Stern，2002，/The Determinants of National Innovative Capacity0，ResearchPolicy，31，pp. 899–933.

三、对外开放度

较多学者研究了对外开放与经济增长之间的直接关系，以罗默（1994）[①] 为代表的新增长理论就指出，对外开放可以实现本国的技术进步，从而促进本国经济的持续增长。之后的很多学者进一步研究了对外开放对本国技术进步的贡献。本书在此基础之上，进一步提出对外开放促进母国技术吸收能力的提升，从而促进本国的技术进步。这一假设主要是基于以下分析：一国采取较为开放的经济政策，可以促进本国与东道国的民间经济和技术交流，从而实现民间的技术吸收能力提升；同时，较为开放的经济政策有助于本国内部资源的有效配置，使得对外开放部门与国内经营部门之间能够实现合理分工，从而促进本国技术吸收能力的形成。由此可见，对外开放对技术吸收能力的形成是有益的。本书对对外开放度的测度采用一国对外贸易额占GDP的比重表示，数据来源为世界银行世界发展指标（WDI）。从表5-12我们可以发现，与人力资本和研发强度相比较，对外开放度在样本国家之间的分布有自己的特征，对外开放度较高的并非与表5-10和表5-11相同的欧洲发达国家，而是以发展中国家和地区为主。这说明，在经济发展中，广大发展中国家比发达国家和地区更需要开放的环境，也更加注重开放的经济政策。

表5-12　　　　　　　　　样本国家（地区）对外开放度

国家（地区）	对外开放度	国家（地区）	对外开放度	国家（地区）	对外开放度
芬兰	-2.1892599	法国	1.63030506	丹麦	3.92834086
挪威	-0.1638721	荷兰	1.66083042	马来西亚	4.16784143

[①] Romer P. Increasing Returns and Long-run Growth [J]. Journal of Political Economy, 1994, (5): 1002-1003.

续表

国家（地区）	对外开放度	国家（地区）	对外开放度	国家（地区）	对外开放度
日本	0.00134786	印度	1.74190503	以色列	4.69561585
瑞士	0.1010914	墨西哥	1.765034	澳大利亚	4.90353189
韩国	0.41755081	西班牙	2.1274068	爱尔兰	5.29566143
德国	1.08493689	新西兰	2.2417376	巴拿马	12.1662851
英联邦	1.15753089	加拿大	2.27586212	比利时	19.8573644
意大利	1.27633965	巴西	2.88852257	新加坡	26.7015273
南非	1.40062443	中国	3.00803863	卢森堡	31.0223742
瑞典	1.46173239	奥地利	3.76719599	中国香港	36.2671584

资料来源：作者根据世界银行统计数据库计算整理。表中所列数据为 2009 年，限于篇幅其他数据作者留存。

四、金融发展

自 20 世纪 70 年代麦金农（Mckinnon）和肖（Shaw）提出金融抑制和金融自由化以来，经济学家对金融发展和经济增长之间关系的研究就从没中断。金融发展包括金融工具的发展完善和金融机构的健全，当然也包括对金融机构的监管。金融发展对经济增长的贡献不仅体现为资本积累功能，更为重要的是通过资源配置实现的技术进步功能。而在吸收国际先进技术方面，阿尔法罗（Alfaro，2004）[1] 以及杨小晓等（2006）的研究发现金融发展对母国技术吸收能力有着显著的贡献。在对外直接投资的反向技术溢出方面，金融发展提升技术吸收能力的途径主要有两个：第一，所有技术获取型对外直接投资的活动都具有较高的进入门槛，一般的企业很难采取这一手段获取国际先进技术，或者即使通过变通的手段进入了对外投资的领域，但也难以接触国际先进技术，而本国

---

[1] Alfaro, L., A. Chanda, S. Kalemli‐Ozcan and S. Sayek, FDI and Economic Growth：The Role of Local Markets Journal of International Economics, 2004, 64, 113–134.

完善的金融体系可以为本国企业提供良好的金融支持，使得本国企业可以跨过技术获取型对外直接投资的"门槛"，实现较好的反向技术溢出的目标；第二，反向技术溢出需要企业具有良好的资源配置能力，需要国际范围的资源分配视野，完善的金融体系可以为企业在全球范围进行资源配置提供基础，实现本国与国外分支机构之间的资源贡献，促进反向技术溢出的实现。参照周立（2004）[①] 的做法，本书用各国金融机构存贷款占 GDP 的比重衡量金融发展。数据来源为世界银行世界发展指标。样本国家和地区金融发展指标见表 5-13。

表 5-13　　　　　　　样本国家（地区）金融发展指标

国家（地区）	金融发展	国家（地区）	金融发展	国家（地区）	金融发展
墨西哥	45.5122078	德国	124.83476	卢森堡	172.399792
印度	75.1186693	马来西亚	128.735458	瑞士	185.084647
以色列	86.6143267	法国	133.465217	加拿大	202.749786
新加坡	93.5919756	奥地利	135.337934	丹麦	205.445382
挪威	96.2670183	瑞典	142.320503	中国香港	207.05828
巴西	98.3081396	澳大利亚	145.121705	荷兰	211.130732
芬兰	101.579992	中国	145.48482	英联邦	212.619465
韩国	102.268912	新西兰	156.90248	爱尔兰	225.66581
巴拿马	104.942876	意大利	156.984307	西班牙	230.910091
比利时	116.858554	南非	166.939135	日本	340.926497

资料来源：作者根据世界银行统计数据库计算整理。表中所列数据为 2009 年，限于篇幅其他数据作者留存。

五、技术基础设施

在决定后发国家技术模仿的技术能力门槛中，技术基础设施是一个

[①] 周立，2004，《中国各地区金融发展与经济增长 1978—2000》，清华大学出版社.

重要的决定因素。先进国家的新技术是在本国的经济发展水平基础上产生的，对于经济发展水平和基础设施较为落后的后发国家而言，这些新技术并不完全适用。只有在基础设施建设方面与先进国家较为接近的国家，通过对外投资反向外溢的新技术才能在后发国家得到较为充分的消化、吸收和再利用。而在众多的基础设施中，与技术进步和信息传输直接相关的基础设施无疑对反向外溢的新技术的吸收具有更为重要的作用。本书选择的技术基础设施指标为电话线千人拥有量，数据来源为世界银行世界发展指标。样本国家和地区技术基础设施指标见表5－14。

表5－14　　　　　　样本国家（地区）技术基础设施指标

国家（地区）	技术基础	国家（地区）	技术基础	国家（地区）	技术基础
印度	10.07	中国香港	75.032939	加拿大	82.679344
南非	20.94737	新加坡	75.061245	瑞士	82.987731
墨西哥	36.15	比利时	76.200615	德国	83.443317
中国	38.397887	法国	76.769917	新西兰	86.181734
巴拿马	42.7	爱尔兰	77.484312	芬兰	89.333004
巴西	45	日本	78.708652	丹麦	89.977298
意大利	56.817473	澳大利亚	78.948075	卢森堡	90.703825
马来西亚	61	奥地利	79.747195	瑞典	90.882046
西班牙	67.921508	韩国	81.463962	荷兰	92.127219
以色列	68.165597	英联邦	81.707338	挪威	93.454759

资料来源：作者根据世界银行统计数据库计算整理。表中所列数据为2011年，限于篇幅其他数据作者留存。

用以表征技术吸收能力的各指标计算方法及数据来源见表5－15。

表5－15　　　　　　技术吸收能力指标计算及数据来源

吸收能力	计算方法	涉及数据	数据来源
人力资本	用各国教育经费投入代替	各国教育经费投入	世界银行统计数据库
研发投入	用各国研究开发经费代替	各国研发经费投入	世界银行统计数据库

续表

吸收能力	计算方法	涉及数据	数据来源
对外开放	各国贸易额占 GDP 的比重	各国贸易总额、GDP	世界银行统计数据库
金融发展	各国金融机构存贷款 总额占 GDP 的比重	各国存贷款总额、GDP	世界银行统计数据库
基础设施	用电话线千人拥有量代替	各国电话线千人拥有量	世界银行统计数据库

第四节　基于吸收能力的国际经验研究

一、指标计算与数据检验

考察各国吸收能力对反向技术溢出的影响，最理想的样本是对外直接投资的母国具有不同的技术吸收能力和技术进步率，而东道国具有相同的技术现状。这样对各国的技术吸收能力的比较最有说服力，因此，本章采用与前一章相同的样本选择方法，用各国对美国的直接投资作为研究样本，考察各国的技术吸收能力对反向技术溢出的影响。这样的样本选择保证了对外直接投资的东道国具有相同的技术现状，而母国具有不同的技术吸收能力和技术现状。

与前一章相区别，本章对数据样本做了以下改变：第一，通过美国经济普查局获取最新的各国对美国直接投资数据。美国经济普查局网站所报告的各国对美国直接投资数据较美国经济分析局数据更新，所包括的国家也更全，这有效地增加了本章实证分析的样本容量。经过筛选，并结合世界银行网站报告数据的可得性，本章选择澳大利亚等 30 个国家①对美国的直接投资作为研究样本，分析吸收能力对反向技术溢出的

---

① 样本国家和地区详见下文各指标计算汇总表格。

影响。第二，对指标计算采用更严格的处理方法，以区别前一章的粗略估算的做法，以期获得更精确的实证考察结果。具体体现在对各国总产出的计算不再采用名义 GDP，而是采用通过 GDP 平减指数处理的实际 GDP，以 2000 年价格水平作为基期。因为世界银行报告的研究开发投入、教育经费投入、固定资本形成额等指标均为占 GDP 的比重，在 GDP 做了平减之后，其他相关指标的计算也可以获得以 2000 年价格水平作为基期的实际值。

由于数据样本发生了改变，本章需要重新估算样本国家的全要素生产率。沿用前一章的测度方法，本章仍然使用"索罗余值法"估算各国的全要素生产率。通过建立柯布道格拉斯生产函数 $Y = AK^{\alpha}L^{\beta}$，其中 Y 表示总产出，A 表示全要素生产率，K、L 分别表示资本和劳动，α、β 分别表示资本和劳动产出弹性。此处的样本国家修正为与本章实证考察相对应的 30 个国家。通过对模型 $\log(Y/L) = C + \alpha\log(K/L) + \varepsilon$ 的简单回归，可以估算出资本产出弹性 α。世界银行报告了各样本国家和地区的名义 GDP，本书通过 GDP 平减指数计算以 2000 年作为基期的实际 GDP 作为全要素生产率估算的总产出；劳动投入的计算也与前一章直接引用世界银行报告的全社会劳动力总和相区别，用全社会 15 岁以上劳动力总和乘以劳动力参与率计算实际劳动数量；资本形成额通过实际 GDP 估算，基期也是 2000 年。将样本数据输入 Eviews6.0，经过 Hausman 检验选择固定效应模型，并加入 AR 过程消除自相关性，结果报告见表 5 - 16。

表 5 - 16 　　　　　　　样本国家（地区）资本产出弹性计算结果

变量	系数	标准误	t - 统计量	P 值
C	6.691191	0.213251	31.37714	0.0000
LOG(K/L)	0.449872	0.021934	20.51060	0.0000
AR(1)	0.900417	0.062546	14.39606	0.0000

续表

变量	系数	标准误	t－统计量	P 值
AR（2）	－0.253154	0.058978	－4.292344	0.0000
R²	0.998688	F 统计量	4925.589	
Adjusted R²	0.998486	P 值（F 统计量）	0.000000	
D－W 值	2.191839			

资料来源：原始数据来源为世界银行数据库，回归周期为2000～2009年，限于篇幅，原始数据作者留存，如有需要可向作者索取。为了消除自相关性，加入了 AR（1）和 AR（2）过程。

表5－16中所得 LOG（K/L）系数即为资本产出弹性 α。将 α＝0.4498，β＝0.5502 代入 logA＝logY－αlogK－βlogL，并用 logA 作为全要素生产率指数，计算得出各样本国家和地区的全要素生产率指数见表5－17。

表5－17　　　　样本国家（地区）全要素生产率指数

年份 国家（地区）	2000	2001	2002	2003	2004	2005	2006	2007	2008	2009
澳大利亚	2.92	2.91	2.90	2.91	2.96	2.97	2.96	2.97	3.00	2.96
奥地利	2.99	2.99	3.01	3.04	3.08	3.08	3.08	3.10	3.12	3.11
比利时	3.04	3.06	3.09	3.13	3.14	3.12	3.13	3.14	3.15	3.17
巴西	2.56	2.51	2.47	2.46	2.46	2.51	2.54	2.56	2.56	2.57
加拿大	2.97	2.97	2.96	2.98	3.00	3.01	3.02	3.03	3.03	3.03
中国	2.04	2.05	2.06	2.06	2.08	2.11	2.14	2.18	2.22	2.22
丹麦	3.02	3.02	3.03	3.08	3.10	3.10	3.09	3.11	3.13	3.16
芬兰	2.99	2.99	3.02	3.07	3.10	3.10	3.10	3.11	3.13	3.14
法国	3.04	3.04	3.06	3.09	3.11	3.11	3.11	3.12	3.13	3.14
德国	2.99	3.01	3.04	3.09	3.11	3.11	3.12	3.12	3.14	3.15
中国香港	2.96	2.97	2.99	3.01	3.02	3.05	3.05	3.07	3.08	3.07
印度	2.09	2.07	2.07	2.09	2.06	2.07	2.08	2.12	2.12	2.13

续表

年份 国家（地区）	2000	2001	2002	2003	2004	2005	2006	2007	2008	2009
爱尔兰	3.02	3.02	3.05	3.08	3.10	3.07	3.07	3.11	3.15	3.21
以色列	3.05	3.04	3.02	3.04	3.04	3.03	3.03	3.05	3.09	3.09
意大利	3.06	3.05	3.05	3.10	3.11	3.12	3.12	3.14	3.15	3.16
日本	3.05	3.03	3.04	3.07	3.09	3.09	3.08	3.08	3.11	3.15
韩国	2.75	2.74	2.76	2.77	2.79	2.82	2.85	2.87	2.82	2.82
卢森堡	3.20	3.19	3.22	3.27	3.30	3.29	3.32	3.35	3.35	3.35
马来西亚	2.55	2.57	2.57	2.60	2.61	2.63	2.64	2.66	2.70	2.71
墨西哥	2.69	2.72	2.71	2.67	2.63	2.65	2.64	2.64	2.62	2.59
荷兰	2.98	2.97	3.00	3.04	3.07	3.08	3.07	3.09	3.11	3.10
新西兰	2.84	2.82	2.87	2.91	2.93	2.93	2.92	2.95	2.94	2.94
挪威	3.08	3.09	3.12	3.16	3.16	3.17	3.16	3.16	3.16	3.15
巴拿马	2.56	2.62	2.64	2.61	2.62	2.63	2.64	2.62	2.60	2.62
新加坡	2.88	2.91	2.93	3.02	2.99	3.02	3.02	3.03	2.98	3.03
南非	2.68	2.64	2.58	2.65	2.68	2.69	2.66	2.64	2.59	2.62
西班牙	2.89	2.90	2.90	2.93	2.94	2.93	2.92	2.94	2.96	2.97
瑞典	3.04	3.02	3.05	3.10	3.14	3.12	3.12	3.13	3.13	3.12
瑞士	3.02	3.02	3.06	3.09	3.12	3.12	3.11	3.13	3.15	3.17
英联邦	3.04	3.04	3.05	3.08	3.11	3.11	3.11	3.13	3.12	3.11

资料来源：作者计算整理。表中所列数值均为全要素生产率的对数值。限于篇幅，原始数据作者留存，如有需要可向作者索取。

表5-17中所列的全要素生产率也基本符合现实情况，以2009年为例，全要素生产率较高的是卢森堡、爱尔兰、瑞士、丹麦、意大利、日本等发达国家，而全要素生产率较低的是印度、中国、巴西、墨西哥等发展中国家。可见本章对各国GDP、劳动投入以及资本形成所做的数据处理提高了样本质量。值得一提的是中国2009年的全要素生产率指数为2.22，在所列样本国家中仅高于印度，可见中国当前的经济增长仍

然是依赖劳动投入和资本投入，而技术进步对经济增长的贡献仍然非常有限。限于篇幅，本书在此处不展开论述，在后续章节本书将对中国利用"走出去"的机遇，获取国际先进技术促进经济发展进行深入研究。

（5.7）式、（5.8）式、（5.9）式中的 FRD 指标计算方法与前一章相同，不同的是本章各国对美国直接投资数据来源为美国经济普查局。这一数据扩展了样本国家的容量，并获得了更新的数据。为了保持样本国家容量不缩小，本书并没有将美国经济分析局的吸引外资数据与本章的数据合并考察。

对技术差距的处理本章也做了调整，采用世界银行公布的劳均 GDP 取代前一章的人均 GDP。世界银行报告了各国单位就业的 GDP，该指标相对人均 GDP 更能够体现各国的生产技术水平。本书在此采用各国和地区劳均 GDP 与美国的比值作为与美国技术差距的代理变量。计算结果见表 5－18。

表 5－18　　　　　　　样本国家（地区）与美国的技术差距

国家（地区） ＼ 年份	2000	2001	2002	2003	2004	2005	2006	2007	2008	2009
澳大利亚	77.57	77.77	77.21	77.19	76.19	75.23	74.48	75.30	76.29	76.59
奥地利	77.24	76.62	76.40	75.28	74.99	74.90	75.78	76.58	76.07	73.58
比利时	88.59	87.23	86.74	86.04	85.90	85.03	85.71	86.08	85.27	82.79
巴西	20.65	20.56	19.93	19.54	19.16	18.96	19.15	19.89	20.21	19.97
加拿大	80.54	80.21	78.98	77.27	76.58	76.87	77.07	76.31	75.48	74.40
中国	7.95	8.62	9.43	10.60	11.32	12.28	13.67	15.42	16.82	18.27
丹麦	75.79	74.89	73.67	73.50	73.91	73.97	74.35	72.91	70.82	69.22
芬兰	76.73	76.67	75.76	75.94	76.94	77.10	78.45	80.23	78.90	74.85
法国	83.84	83.26	81.88	81.12	81.18	81.03	81.50	81.55	80.98	79.50
德国	68.17	68.34	67.34	66.53	65.55	65.24	66.77	67.26	67.10	63.47
中国香港	78.05	76.58	77.18	78.84	81.45	84.47	88.00	90.68	91.74	90.05

续表

年份 国家（地区）	2000	2001	2002	2003	2004	2005	2006	2007	2008	2009
印度	8.64	8.83	8.76	9.12	9.35	9.86	10.46	11.08	11.60	12.30
爱尔兰	80.87	81.37	83.09	83.53	82.49	81.74	81.86	82.42	80.73	81.53
以色列	70.33	68.41	66.37	65.71	65.85	65.76	66.79	66.70	66.51	66.40
意大利	80.62	79.66	77.07	74.64	73.72	72.81	72.31	71.90	70.68	67.95
日本	67.90	67.98	67.84	68.05	67.90	67.63	67.96	68.64	68.09	65.22
韩国	56.71	57.24	58.47	59.19	59.38	60.12	61.95	63.80	64.80	65.04
卢森堡	93.24	89.68	88.59	86.87	86.67	87.64	88.15	89.28	85.79	80.26
马来西亚	32.85	32.39	32.79	32.97	34.02	35.13	36.08	37.16	38.46	36.92
墨西哥	32.61	32.25	31.13	30.80	30.28	30.69	30.94	31.20	30.95	29.37
荷兰	74.12	73.29	71.49	70.87	71.40	71.56	72.20	72.58	72.74	70.51
新西兰	59.25	59.20	58.92	58.64	57.35	56.74	56.22	56.35	55.30	56.22
挪威	82.90	83.42	82.62	83.05	83.87	83.96	82.35	80.61	78.60	77.39
巴拿马	6.71	6.62	6.62	6.73	7.08	7.49	8.10	9.12	10.42	10.71
新加坡	70.56	63.76	66.40	68.75	72.38	75.74	73.91	75.94	70.89	69.02
南非	19.75	19.41	19.21	18.98	19.06	19.40	19.89	20.35	20.32	19.74
西班牙	66.36	65.98	64.79	63.62	61.94	60.80	60.39	60.18	60.75	62.52
瑞典	73.90	72.56	72.81	73.68	75.56	76.73	78.10	78.24	76.98	74.31
瑞士	67.72	66.73	65.19	64.19	64.12	64.58	64.98	65.12	65.02	63.20

资料来源：作者根据世界银行统计数据库计算整理。

由表5-18可以看出，与前一章所使用的人均GDP相比，本章所采用的劳均GDP在所有国家和地区均明显低于美国，表5-18所列技术差距值均小于100，说明本章所列样本国家和地区与美国之间均存在显著的技术差距，因此本章样本国家和地区对美国的直接投资符合"技术寻求"的假设。

为了避免"伪回归"现象，首先需要对所有数据序列进行单位根检验。借助 Eviews6.0 软件，并选择常用的 Levin，Lin & Chu 单位根检验方法，对所有数据序列进行单位根检验，结果见表 5 – 19。

表 5 – 19　　　　　指标序列 Levin，Lin & Chu 单位根检验结果

指标序列		Levin，Lin & Chu-t 统计量	P 值	结论
g		– 14.3811	0.0000	不含单位根
FRD		– 12.1467	0.0000	不含单位根
H		– 10.0845	0.0000	不含单位根
R		– 6.78628	0.0000	不含单位根
u		– 4.34029	0.0000	不含单位根
吸收能力	人力资本	– 4.93858	0.0000	不含单位根
	研发强度	– 5.88674	0.0000	不含单位根
	金融发展	– 6.78628	0.0000	不含单位根
	对外开放	– 11.7487	0.0000	不含单位根
	技术基础设施	– 8.80680	0.0000	不含单位根

注：所有结果均为水平序列检验结果，计量软件为 Eviews6.0，限于篇幅，原始数据作者留存，如有需要可向作者索取。

为了避免技术吸收能力代理变量之间存在互相替代的现象，本书首先对技术吸收能力的所有代理变量进行相关性检验，见表 5 – 20：

表 5 – 20　　　　　　　　　相关性检验

	RDS	HRS	FIN	OPEN	INF
RDS	1	0.3188	0.34267	– 0.0696	0.4929
HRS	0.3188	1	– 0.2416	– 0.1539	0.3210
FIN	0.3426	– 0.2416	1	– 0.1417	0.1677
OPEN	– 0.0696	– 0.1539	– 0.1417	1	0.0944
INF	0.4929	0.3210	0.1677	0.0944	1

表 5 - 20 中 RDS、HRS、FIN、OPEN、INF 分别表示研发强度、人力资本强度、金融发展、对外开放度以及技术基础设施。从表 5 - 20 所列结果我们可以看出本书所选择的技术吸收能力变量之间并不存在显著的相关性，各代理变量可以代表技术吸收能力的不同要素。

二、实证考察及结果分析

由表 5 - 20 可知，所有数据序列均为同阶平稳的，可以进行协整检验。本书需要对（5.7）式、（5.8）式、（5.9）式分别进行协整检验，同时，在将技术吸收能力分别代入不同方程时，也需要分别进行协整检验。本章涉及的协整方程实际上有两个，一个是（5.7）式和（5.8）式所要求的包括 g、FRD、H、R 和 G，另一个是模型（5.9）式所要求的在前一个协整方程的基础上加入变量 u。同时，代入不同的技术吸收能力的代理变量，共有十个协整方程。本书在此分别进行协整分析和实证考察。

1. 技术吸收能力对反向技术溢出的线性考察

首先要对（5.7）式各变量的协整关系进行检验，将技术吸收能力各代理指标代入，涉及五个协整关系。检验结果见表 5 - 21：

表 5 - 21   模型（2）KAO 协整检验结果

吸收能力	ADF 统计量	P 值	结论
HRS	- 4. 158652	0. 0000	存在协整关系
RDS	- 5. 408534	0. 0000	存在协整关系
OPEN	- 3. 842940	0. 0001	存在协整关系
FIN	- 6. 499809	0. 0000	存在协整关系
INF	- 6. 086698	0. 0000	存在协整关系

从表 5 - 21 中可以看到，本书所选择的表征技术吸收能力的五个代理指标与（5.7）式的主要变量之间均存在着协整关系。进一步将所有

指标代入模型（2），经过 D - W 检验发现模型主要变量存在自相关性，通过差分法消除自相关性后，所得结果见表 5 - 22。

表 5 - 22　　　　　　　技术吸收能力对逆向技术溢出的线性影响

自变量	技术吸收能力代理指标				
	HRS	RDS	OPEN	FIN	INF
D（logH）	0. 057884 ***	0. 061289 ***	0. 061967 ***	0. 061992 **	0. 061280 ***
D（logR）	0. 08335 ***	0. 080372 ***	0. 078890 ***	0. 080042 ***	0. 080184 ***
HRS × logFRD	0. 000137 ***				
RDS × logFRD		4. 75E – 08 **			
OPEN × logFRD			– 7. 23E – 10		
FIN × logFRD				7. 29E – 10 ***	
INF × logFRD					1. 77E – 09 **
R^2	0. 426415	0. 426638	0. 419386	0. 427305	0. 425602
Adjusted R^2	0. 419946	0. 420171	0. 412838	0. 420846	0. 419124
F - 统计量	65. 91672	65. 97676	64. 04520	66. 15699	65. 69788
Prob（F - 统计量）	0. 000000	0. 000000	0. 000000	0. 000000	0. 000000
D - W 统计量	1. 895961	1. 896607	1. 865898	1. 897266	1. 890383

资料来源：作者计算整理。表中 * 、 ** 、 *** 分别表示 t 检验显著程度为 10% 、 5% 、1% ，否则为不显著。经过 Hausman 检验确定所有模型均为时期和界面随机效应。回归方法为 Panel EGLS （Cross-section weights）。

线性考察所得结果可以得到以下结论：

（1）人力资本强度对逆向技术溢出促进技术进步的强化作用是最强的

无论从统计显著性来看，还是从回归系数来看，人力资本强度指标与逆向技术溢出的系数交叉项的系数都比其他四个系数强。可见重视人力资本积累的国家更容易获取逆向技术溢出。结合表 5 - 10 所列的人力资本强度指标与表 5 - 17 所列的全要素生产率指数，可以对这一结论做进一步的佐证。重视人力资本积累的发达国家，同时也是全要素生产率较高的国家，这些国家通过实证考察也同时是对美国反向技术溢出更为明显的国家。

（2）研发强度、金融发展和技术基础设施对逆向技术溢出的促进

从表5-22可以发现，尽管研发强度、金融发展和技术基础设施与逆向技术溢出的交叉项的系数绝对值并不很大，但在统计上非常显著，说明这三个指标对反向技术溢出的促进作用也是非常显著的。重视研发投入、强化金融发展和加强技术基础设施建设的国家，也具有更大的可能获取逆向技术溢出。

（3）对外开放与逆向技术溢出

从表5-22结果中我们可以发现，对外开放度与逆向技术溢出交叉项的回归系数在统计上并不显著，同时数值也很小。这并不能说明对外开放度不利于逆向技术溢出的实现。结合表5-12所列的各国对外开放度的数据，很容易发现以吸引外资占GDP比重表示的对外开放度与其他变量表示的技术吸收能力并不完全一致。外资占GDP比重较大的往往是技术较为落后、不重视人力资本、研发投入和金融发展以及技术基础设施建设的发展中国家，这些国家单一地通过吸引外资来发展经济，并不能很好地实现技术赶超。

2. 技术吸收能力对逆向技术溢出的非线性影响

模型（3）涉及变量与模型（2）相同，因此协整检验可以直接引用表5-21的结果。只需对模型（3）直接做面板数据回归。同样为了消除自相关性，模型（3）的数据也经过充分处理，经过 Hausman 检验选择地区和时期随机效应模型。回归结果见表5-23。

表5-23　　　　技术吸收能力对逆向技术溢出的非线性影响

自变量	技术吸收能力代理指标				
	HRS	RDS	OPEN	FIN	INF
D(logH)	0.060536 ***	0.061427 ***	0.061927 ***	0.062643 ***	0.061436 ***
D(logR)	0.080879 ***	0.080391 ***	0.078758 ***	0.079630 ***	0.080131 ***

续表

自变量	技术吸收能力代理指标				
	HRS	RDS	OPEN	FIN	INF
$HRS^2 \times logFRD$	4.10E – 09 **				
$RDS^2 \times logFRD$		1.51E – 08 **			
$OPEN^2 \times logFRD$			– 8.60E – 12 **		
$FIN^2 \times logFRD$				2.94E – 12 ***	
$INF^2 \times logFRD$					2.23E – 11 **
R^2	0.424753	0.426222	0.419653	0.426924	0.424835
Adjusted R^2	0.418265	0.419751	0.413108	0.420460	0.418348
F – 统计量	65.47000	65.86466	64.11559	66.05382	65.49189
Prob(F – 统计量)	0.000000	0.000000	0.000000	0.000000	0.000000
D – W 统计量	1.887692	1.896314	1.864292	1.894838	1.887196

资料来源：作者计算整理。表中 * 、** 、*** 分别表示 t 检验显著程度为10%、5%、1%，否则为不显著。经过 Hausman 检验确定所有模型均为时期和截面随机效应。回归方法为 Panel EGLS（Cross-section weights）。

对表5 - 23 分析可得以下结论：

（1）技术吸收能力对技术进步的促进具有"门槛效应"

从表5 - 23 所列结果可以发现，除对外开放度以外，各技术吸收能力变量平方项与反向技术溢出交叉项的系数都显著为正，表明在所有其他变量不变的情况下，技术吸收能力对技术进步的作用呈"U"形，在技术吸收能力较弱的情况下，技术吸收能力不可能对逆向技术溢出具有促进作用，只有母国通过人力资本积累、研发投入、金融发展以及基础设施建设等手段，积累了足够的技术吸收能力，才可能通过逆向技术溢出实现技术进步。

（2）对外开放度对逆向技术溢出的非线性影响

从表5 - 23 中可以看出，对外开放度平方项与逆向技术溢出的交叉项的回归系数显著为负，似乎对外开放度与母国技术进步之间呈倒

"U"形关系。这实际上仍然是本书所选择的样本国家政策选择的结果。与模型（2）所得出的结论类似，一般选择较高对外开放度的国家都是技术较为落后，而在人力资本、研发投入、金融发展和技术基础设施等方面并不完善的发展中国家，这些国家一般是难以通过逆向技术溢出获取国际先进技术的，同样，格外封闭的国家也是不可能获取国际先进技术的。因此，对外开放度与技术进步之间呈倒"U"形关系。

3. 技术吸收能力与技术差距的交互影响

模型（4）涉及变量发生了变化，增加了技术差距 u，对所有变量重新进行协整检验，结果见表 5 - 24。

表 5 - 24　　　　　　　　模型（4）KAO 协整检验结果

吸收能力	ADF 统计量	P 值	结论
HRS	- 4.100793	0.0000	存在协整关系
RDS	- 5.356308	0.0000	存在协整关系
OPEN	- 3.801692	0.0001	存在协整关系
FIN	- 6.717477	0.0000	存在协整关系
INF	- 3.801692	0.0001	存在协整关系

表 5 - 24 表明模型（4）的各变量之间存在协整关系，可以进行面板数据的回归考察。我们对模型（4）的数据也通过差分处理消除了自相关性，通过 Hausman 检验确定选择具有时期和截面随机效应的模型，所得结果见表 5 - 25。

表 5 - 25　　　　　　　技术吸收能力与技术差距的交互影响

自变量	技术吸收能力代理指标				
	HRS	RDS	OPEN	FIN	INF
D(logH)	0.060676 ***	0.061180 ***	0.061985 ***	0.061919 ***	0.061174 ***
D(logR)	0.080722 ***	0.080496 ***	0.078879 ***	0.080114 ***	0.080274 ***

续表

自变量	技术吸收能力代理指标				
	HRS	RDS	OPEN	FIN	INF
$HRS \times u \times \log FRD$	$3.47E-10$***				
$RDS \times u \times \log FRD$		$6.96E-10$***			
$OPEN \times u \times \log FRD$			$-8.72E-12$		
$FIN \times u \times \log FRD$				$1.05E-11$***	
$INF \times u \times \log FRD$					$2.53E-11$***
R^2	0.425563	0.426660	0.419398	0.427197	0.425532
Adjusted R^2	0.419084	0.420194	0.412850	0.420737	0.419053
F – 统计量	65.68724	65.98283	64.04842	66.12771	65.67895
Prob(F – 统计量)	0.0000	0.0000	0.0000	0.0000	0.0000
D – W 统计量	1.891366	1.897325	1.865772	1.897714	1.890633

注：表中 * 、** 、*** 分别表示 t 检验显著程度为10%、5%、1%，否则为不显著。经过 Hausman 检验确定所有模型均为时期和界面随机效应。回归方法为 Panel EGLS（Cross-section weights）。

表5 – 25 的结果应证了模型（4）的理论假设，对表5 – 25 分析可以得出以下结论：

（1）大的技术差距可以为后发国家提供"后发优势"

从表5 – 25 的结果中可以看到，除对外开放的交叉项以外，所有含有技术差距 u 的系数均显著为正，说明在其他变量不变的条件下，技术差距对技术进步具有促进作用。在统计上可以说明大的技术差距对母国技术进步的促进更为显著。这符合模型（4）的理论假设。

（2）技术差距促进母国技术进步需要较强的技术吸收能力支持

表5 – 25 所列含有技术差距 u 的交叉项同时含有技术吸收能力，本书采用技术吸收能力、逆向技术溢出以及基础差距的连乘项来考察技术吸收能力和技术差距的交互作用，结果所得的系数除对外开放度之外，所有交叉项的回归结果均显著为正。说明在其他变量不变的条件下，技术差距与技术吸收能力对技术进步的作用是互为"门槛"的。即在技术

差距较大，但技术吸收能力较小时，对外直接投资的反向技术溢出难以实现；反之，技术吸收能力较强，而没有选择技术差距较为合理的直接投资东道国，也难以实现"后发优势"，有效获取逆向技术溢出。

（3）对外开放度与技术差距之间难以实现良好的交互作用

与模型（2）的回归结果相类似，含有对外开放度的交叉项回归结果在统计上不显著，这再次说明对外开放度并不是技术吸收能力的一个有效检验标准。一般来说，技术落后的国家更容易采取对外开放的政策，也更容易吸引外资，但是没有好的人力资本政策、研发政策、金融政策和基础设施作为配套，单一的开放政策是难以促进逆向技术溢出的吸收的。

三、结论及启示

本章实证结果显示，除对外开放度指标外，母国技术吸收能力对逆向技术溢出的线性影响、非线性影响均呈显著的正相关性，而加入技术差距的模型考察结果，技术差距与技术吸收能力对逆向技术溢出的影响仍然显著为正，因此母国技术吸收能力对逆向技术溢出的促进存在"门槛效应"，越大的技术差距需要越强的技术吸收能力。我国在开展以技术获取为目标的对外直接投资中应注意以下问题：

（1）在加强技术获取型对外直接投资的开展的同时，注意本国技术吸收能力的积累，在我国的人力资本、研发投入、金融支持以及基础设施建设等方面加以完善。

（2）选择与我国技术差距较大的东道国作为投资目标国时，要促进企业本身进一步加强其吸收能力的积累。当本企业技术较为落后，没有良好的消化吸收能力作为支撑时，不适宜选择技术差距较大的东道国。

（3）吸引外资与对外投资的协同发展才能够有效促进我国的技术进步。根据跨国数据的考察结果，显示母国的对外开放度与逆向技术溢出的交互项对本国技术进步的影响并不显著，说明没有良好的协同作用，这两个政策很难同时对母国技术进步产生贡献。

第六章

中国 OFDI 逆向技术溢出的实证考察

第四章与第五章的理论与实证考察揭示了对外直接投资逆向技术溢出的普遍规律，这对我国的对外直接投资活动开展提供了新的思路，即在市场寻求、资源寻求、跨越贸易壁垒等目标的实现之外，我们也可以利用对外直接投资获取国际先进技术，而相对于其他目标的实现，技术获取目标的实现对经济发展的贡献才更为长远。前两章的研究除对出口部门的技术外溢所使用的是中国的数据，其他研究均使用的是跨国数据，因此所得结论为中性结论，对我国利用对外直接投资的逆向技术溢出只有经验借鉴意义，而不具有完全的针对性。我们更应该思考的问题是中国当前的对外直接投资处于什么样的阶段，是否存在显著的逆向技术溢出效应，以及是否具备充分获取逆向技术溢出的条件。因此本章将以前两章所得的普遍规律为基础，进一步分析我国对外直接投资的逆向技术溢出，以期考察中国对外直接投资逆向技术溢出的现状及影响因素，为我国进一步优化"走出去"的策略，通过"走出去"战略的实施，促进技术进步提供有益的启示。本章的结构安排为：第一节从逆向技术溢出的角度分析我国对外直接投资的现状；第二节通过省际面板数据的实证考察，研究我国对外直接投资逆向技术溢出的区域差异，并对产生的原因进行研究，进而揭示地区吸收能力差异对逆向技术溢出的影响；第三节对我国对外直接投资逆向技术溢出的吸收能力进行考察，深入研究我国技术吸收能力的现状，揭示其对我国获取逆向技术溢出的贡献与约束。

第一节　基于逆向技术溢出的中国 OFDI 现状考察

与吸引外资的实践相比，中国"走出去"对外直接投资起步较晚，目前还处于比较初级的阶段，根据众多学者的研究，当前中国对外直接投资仍然以资源获取型、市场开拓型、规避贸易壁垒等类型为主①，当前的技术获取型对外投资规模仍然很小。从逆向技术溢出的视角考察中国对外直接投资，中国当前的对外直接投资呈现以下特点：

一、我国 OFDI 总体规模仍然不大

2011 年，中国对外直接投资净额 746.5 亿美元，较上年增长 8.5%。截至 2011 年年底，中国 13500 多家境内投资者在境外设立对外直接投资企业（以下简称境外企业）1.8 万家，分布在全球 177 个国家（地区），对外直接投资累计净额（以下简称存量）4247.8 亿美元。年末境外企业资产总额近 2 万亿美元。联合国贸发会议（UNCTAD）《2012 年世界投资报告》显示，2011 年全球外国直接投资流出流量 1.69 万亿美元，年末存量 21.17 万亿美元，以此为基期进行计算，2011 年中国对外直接投资分别占全球当年流量、存量的 4.4% 和 2%，2011 年中国对外直接投资流量名列按全球国家（地区）排名的第 6 位，存量位居第 13 位。而 2010 年的流量为 1.32 万亿美元，存量为 20.4 万亿美元，占全球的比例为 5.2% 和 1.6%，在全球的排名分别为第 5 位和第 17 位。从

① 参见本书第二章文献综述部分的内容。

增幅来看，我国近年来对外直接投资增速显著，在世界的相对地位也迅速上升，但从获取逆向技术溢出的角度考察，我国对外直接投资当前的规模仍然偏小。以对外投资占 GDP 的比重来衡量，我国的 OFDI 规模与前一章存在显著逆向技术溢出的样本国家和地区之间存在着显著的差距，见图 6-1 和图 6-2。

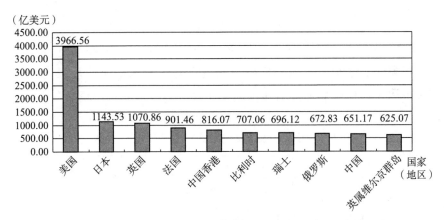

图 6-1　2011 年中国与主要国家（地区）OFDI 流量对比

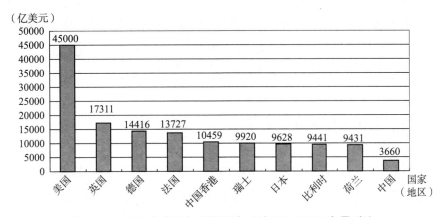

图 6-2　2011 年中国与主要国家（地区）OFDI 存量对比

资料来源：UNCTAD《2012 年世界投资报告》。

由图6-1和图6-2可见，尽管经过近年来的迅速发展，我国对外直接投资增速迅猛，但相对于发达国家甚至部分发展中国家（如图6-1中的俄罗斯），我国对外直接投资规模仍然较小。根据前一章的实证考察经验，一国的对外直接投资产生显著逆向技术溢出的条件是投资规模越过产生逆向技术溢出的"门槛值"，而我国在当前这种规模不太大的对外投资阶段中，极有可能难以产生逆向技术溢出，或者即使能够产生，这种逆向技术溢出也并不足以成为促进我国技术进步的主要手段。

如果以另外一个指标——FDI流入与流出的对比来看，我国的对外直接投资相对于吸引外资的实践更是处于较为初级的阶段。表6-1描述了世界主要国家和地区与我国的FDI流入与流出的对比状况。

表6-1   2011年中国与主要国家（地区）的FDI流出/流入

美国	日本	英国	法国	中国香港	比利时	瑞士	俄罗斯	中国
1.75	-65.03	1.98	2.20	0.98	0.79	734.68	1.27	0.53

资料来源：作者根据 UNCTAD 数据计算整理。

表6-1中的数字超过1时，表明对应国家的FDI流出超过流入，该国的对外直接投资与吸引外资的发展达到了较为均衡的阶段，而该指标中国仅为0.53，可见我国FDI流出仅为流入的一半，相对于引进外资，我国的对外直接投资规模很小，其发展阶段并不能与引进外资的发展相适应。

二、我国 OFDI 的行业集中于低技术产业

当前我国对外直接投资产业选择中，商务服务业、金融业、批发零售业、交通运输业以及制造业所占比重过大，而对我国具有较好连锁效应（赵春明、何艳，2002[①]）的科学研究、技术服务业以及信息传输、

_____

① 赵春明，何艳. 从国际经验看中国对外直接投资的产业和区位选择 [J]. 世界经济，2002（5）：38-41.

计算机服务和软件业比重过低。以 2010 年为例，2010 年我国逾九成的对外直接投资流向了商务服务业、金融业、批发零售业、交通运输业以及制造业，而流向科学研究、技术服务业以及信息传输、计算机服务和软件业的比重不足 3%。可见，我国对外直接投资尽管覆盖产业较为广泛，但行业集中度非常高，并没有形成合理的产业梯队。见表 6 - 2 和图 6 - 3。

表 6 - 2　　　　　我国部分年份对外直接投资存量分行业统计　　　　单位：万元

年份 行业	2005	2006	2007	2008	2009	2010
农林牧渔业	10536	18504	27171	17183	32479	53398
采矿业	167522	853951	406277	582351	1334309	571486
制造业	228040	90661	212650	176603	224097	466417
电力煤气及水电生产和供应业	766	11874	15138	131349	46807	100643
建筑业	8186	3323	32943	73299	36022	162826
交通运输、仓储和邮政业	57679	137639	406548	265574	206752	565554
信息传输、计算机服务和软件业	1479	4802	30384	29875	27813	50612
批发和零售业	226012	111391	660418	651413	613575	672878
住宿和餐饮业	758	251	955	2950	7487	21820
房地产业	11563	38376	90852	33901	93814	161308
租赁和商务服务业	494159	452166	560734	2171723	2047378	3028070
科学研究、技术服务和地质勘查业	12942	28161	30390	16681	77573	101886
水利环境和公共设施管理	13	825	271	14145	434	7198
居民服务和其他服务业	6279	11151	7621	16536	26773	32105

资料来源：我国《对外直接投资统计公报 2011》。

从表 6-2 可见，截至 2010 年我国对外直接投资主要投向的产业为租赁及商务服务业，批发和零售业，采矿业，交通运输、仓储和邮政业，这几大产业在我国历年的对外直接投资中均占绝对比重，而这些产业均为低技术产业，接近与获取国际先进技术的可能性较小，对这些产业的投资并不利于我国国内的技术进步。而可以获取较多逆向技术溢出的科学研究、技术服务以及信息传输业的份额则非常小，甚至可以忽略。即使是我国亟待提高技术水平的制造业对外投资规模也并不大，从对外投资的额度来看与我国的制造业大国地位并不相称。从图 6-3 所列结果中以上结论即一目了然。

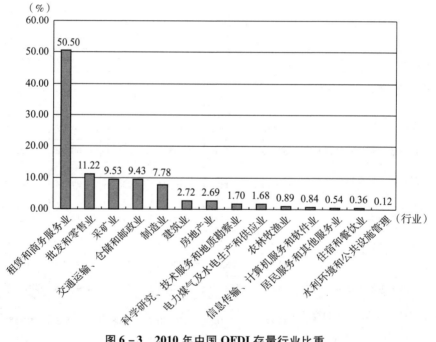

图 6-3 2010 年中国 OFDI 存量行业比重

资料来源：作者根据表 6-2 计算整理。

从图 6-3 可以直观地看出，我国当前的对外直接投资占比重较多的市场寻求型、资源寻求型，而对逆向技术溢出的利用并没有引起企业和政府的足够重视。

三、我国 OFDI 目标区位不利于获取逆向技术溢出

根据前一章的实证研究结果，我们知道母国与东道国之间显著的技术差距有助于逆向技术溢出的实现，而较小的技术差距甚至向技术落后国家的直接投资是很难获取逆向技术溢出的。利用这一结论对我国对外直接投资的现状进行考察，可以发现我国当前对外直接投资的目标区位并不符合技术差距的要求。我国与主要东道国（地区）的区位差别见表 6 - 3。

表 6 - 3　　　　　　我国与主要东道国（地区）的区位差别

国家（地区）	比重（%）	技术差距	HR 差距	RD 差距
中国香港	62.8	4.78	1.25	0.5
英属维尔京群岛	7.3	—	—	—
英属开曼群岛	5.4	—	—	—
澳大利亚	2.5	3.81	1.42	1.6
新加坡	1.9	3.75	0.85	1.81
卢森堡	1.8	4.03	—	1.06
美国	1.5	5.16	1.51	1.89
南非	1.3	1	1.52	0.63
俄罗斯联邦	0.9	1.4	1.14	0.71
加拿大	0.6	3.77	1.32	1.25

资料来源：作者根据《中国对外直接投资统计公报 2011》及世界银行数据库计算整理。限于数据的可得性，我国对主要国家（地区）的投资比重为 2010 年数据，其他数据为 2009 年数据，"—"表示数据缺失。

表 6 - 3 中的技术差距采用的是与第二章相同的东道国劳均 GDP 与我国的比值。从表 6 - 3 可以看到，我国对外直接投资流向中国香港的占绝对优势，英属维尔京群岛以及开曼群岛所占比重也较大。尽管从劳

均 GDP 的比值来看，香港似乎在生产效率上比我国有绝对优势，但香港
地区的生产效率更多地体现为其服务业的生产效率，与我国亟待提高制
造业技术水平的目标并不一致。而英属维尔京群岛和开曼群岛也并非以
科学技术见长的经济体，英属维尔京群岛赖以致富的是其旅游服务业，
而开曼群岛则是依赖金融服务业发展经济。我国对这三个国家（地区）
的直接投资显然仅能获取直接的经济利益，而不能获取动态的技术进步
利益。而相反，明显技术水平高于我国的欧美发达国家并没有成为我国
对外直接投资的主要东道国。从表 6-3 可以看到，技术水平明显强于
我国的美国和加拿大的占比分别为 1.5 和 0.6，而欧洲发达国家甚至没
能进入前十。

　　进一步观察中国对香港地区、英属维尔京群岛和开曼群岛的投资流
向，发现中国流向香港地区的直接投资流向了商务服务、金融、批发零
售、交通运输、房地产业以及制造业，而流向英属维尔京群岛和开曼群
岛的直接投资则主要流向了商务服务业，也从另一个侧面说明我国当前
的对外投资并不足以获取逆向技术溢出。而我国流向技术先进国家的直
接投资中，也并非以科学技术行业为主，以 2010 年中国对美国直接投
资为例，2010 年中国对美国的直接投资中，制造业占 27%，批发零售
业占 23%，而科学研究技术服务业仅占 5.6%。

四、民营企业对外投资比重太低

　　根据我国《对外直接投资统计公报》的统计数据，我国 2010 年对
外直接投资总额中，国有企业占 66.2%，有限责任公司仅占 23.6%，
而股份有限公司的比例则仅为 6.1%，私营企业更是只占到 1.5%，而
另一项数据中，我国对外直接投资中央企业和单位所占比重高达 77%，
而地方仅占 23%。这从两个侧面反映出我国对外直接投资中民营企业所
占比重过低。

　　仅从比例来看，国有企业或中央企业的对外直接投资与民营企业的

对外直接投资并没有区别，但考虑国有企业与民营企业的决策特点我们就很容易看出这两类企业的对外直接投资有着显著区别。国有企业因其规模较大，发展历程也更长，在对外直接投资的决策中更多的是依据其现有的优势，而需要冒较多风险的优势寻求型对外投资的选择较少。而相对应的，广大民营企业因其发展历程短，实力较弱，他们寻求"走出去"的目标则更为多样化，技术寻求也是其重要目标之一。因此如何在较短时间内让广大民营企业积累对外投资的实力，鼓励其通过对外投资实现企业竞争力的提升，是关系到我国产业竞争力乃至国民经济技术水平提升的重要课题。

五、企业仍然缺乏国际化经营的经验

毕海霞（2012）[①]认为当前我国的对外直接投资缺乏统一的政府规划，尚不具备真正意义上的跨国经营意识。政府在促进对外直接投资过程中发挥着十分关键的作用，但与德国、美国等发达国家相比，中国政府对跨国企业的政策支持有待加强，众多企业特别是中小企业因为信息不畅通，影响了对外投资的进程。

而我国对外直接投资尽管近年来增势迅猛，但绝大部分企业的对外投资经验并不足，类似海尔、联想、华为等成功的国际化经营的案例屈指可数，对于大部分企业而言仍然处于尝试阶段。而逆向技术溢出的获取需要政府给予强大的信息支持、政策支持，也同时需要企业本身具有巧妙的国际经营技巧和技术学习能力。

本书接下来将对我国当前的对外直接投资逆向技术溢出的现状进行实证考察，试图通过定量分析找出对外直接投资促进我国国内技术进步的实证证据，并分析进一步利用逆向技术溢出的可能性及技巧。

---

① 毕海霞. 中国对外直接投资发展特征分析及对策［EB/OL］. 人民论坛电子版，www. rmlt. com. cn/qikan/2012 - 07 - 30.

第二节 基于我国省际面板数据的实证研究

一、实证模型的设定

科和惠而浦曼（1995）[①] 研究通过国际贸易实现的技术外溢时的计量模型（C－H 模型）成为国际技术外溢研究的经典实证模型，本章的实证考察也选择 C－H 模型作为基本模型进行考察。C－H 模型的基本形式为：

$$\log F_{it} = \alpha_1 + \alpha_2 \log S_{it}^d + \alpha_3 \log S_{it}^f$$

其中 F 表示以全要素生产率衡量的技术进步率，S^d 表示本国的研发资本，S^f 表示通过贸易途径获取的国际研发资本溢出。根据 C－H 模型的理论，一国的技术进步取决于本国的研发投入和通过贸易获取的国际研发投入的外溢。为了研究中国对外直接投资逆向技术溢出对我国技术进步的贡献，本书将指标 S^f 修正为通过对外直接投资逆向技术溢出获取的国际研发资本，得到本书的基础模型：

$$\log F_{it} = \alpha_1 + \alpha_2 \log SD_{it} + \alpha_3 \log SFO_{it}$$

同时延续第三章理论模型的结论，本章的实证考察也将我国的人力资本对技术进步的贡献考虑进去，最终得到本书的实证模型为：

$$\log F_{it} = \alpha_1 + \alpha_2 \log SD_{it} + \alpha_3 \log SFO_{it} + \alpha_4 H_{it} + \varepsilon_i \qquad (6.1)$$

（6.1）式中 SD 表示我国的研究与开发投入，SFO 表示我国通过对外直接投资获得的国际研发投入的反向外溢，H 表示我国人力资本，ε 表示误差项。由于我国对外直接投资的统计工作起始时间较短，由商务

[①] Coe, D. T. and E. Helpman, 1995, "International R&D Spillovers", European Economic Review, Vol. 39, pp. 859–887.

部、外汇管理局以及统计局联合发布的《中国对外直接投资统计公报》数据从 2003 年才开始，因此本书放弃了时间序列的分析。采用省际面板数据可以在现有时期的基础上扩大样本容量，同时可以对我国地区对外直接投资逆向技术溢出的差异进行实证考察，因此本章选择我国省际面板数据作为样本数据。（6.1）式中的 i、t 分别表示我国的省份和时期的标识。

（6.1）式中指标 SFO 的计算采取较为常见的 L－P 方法[1]测算，计算方法为：

$$SFO_{jt} = \frac{OFDI_{jt}}{Y_{jt}} \times SD_{jt}$$

其中 $OFDI_{jt}$ 表示 t 时期我国流向 j 国的直接投资，Y_{jt} 表示 t 时期 j 国的国内生产总值，SD_{jt} 表示 t 时期 j 国的国内研发投入，SFO_{jt} 表示 t 时期我国从 j 国获得的对外直接投资逆向技术溢出。

二、指标设计与数据说明

（一）因变量

本章技术进步的评价仍然采用全要素生产率。全要素生产率的估算应用较多的是索罗余值法（Solow，1957）[2]。为了计算我国各省份的全要素生产率，先建立各省份的生产函数为：

$$Y = AK^{\alpha}L^{\beta}，（其中 \alpha + \beta = 1）$$

其中 Y 表示我国各省总产出，用地区生产总值衡量；K 表示资本投入，用地区固定资产投入衡量；L 表示劳动投入，用地区年末就业人数

① Van Pottelsberghe de la Potterie, B. and Lichtenberg, F., 2001, "Does Foreign Direct Investment Transfer Technology across Borders?", The Review of Economics & Statistics, Vol. 83, pp. 490 - 497.

② Solow, R. M., 1957, /Technical Change and the Aggregate Production Function0, Review ofEconomics and Statistics39.

衡量；α 和 β 分别表示资本与劳动的产出弹性。对生产函数做简单变换，可得如下回归模型：

$$logA = logY - \alpha logK - \beta logL \qquad (6.2)$$

（6.2）式中的 A 即为"索罗余值"的一种表现形式，本章用这一变量作为全要素生产率的代理变量。在具体计算中，对我国《对外直接投资统计公报》公布的外直接投资流量仅从 2003 年开始，与之相对应，本章其他数据也从 2003 年算起。其中地区生产总值用 GDP 指数折算成以 2003 年价格；地区资本存量采用地区固定资产形成额，并通过固定资产价格指数折算成 2003 年价格，最终固定资本总额通过永续盘存法计算。参照单豪杰（2008）[①] 的做法，本章的折旧率取 10.96%，2003年各省资本存量转引自单豪杰（2008）。郭庆旺、贾俊雪（2005）[②] 运用索罗余值法估算出我国的 α = 0.6921，β = 0.3079，这一估算结果比较符合当前我国以资本投资拉动经济增长的现实情况。将这一数值代入（6.2）式，计算得到我国省份以 A 衡量的全要素生产率指数见表 6 - 4。

表 6 - 4　　　　　　　我国省份全要素生产率估算

年份 省份	2003	2004	2005	2006	2007	2008	2009	2010
北京	0.20	0.17	0.14	0.12	0.11	0.11	0.10	0.09
天津	0.45	1.32	1.32	1.33	1.32	1.28	1.24	1.23
河北	0.27	1.49	1.48	1.52	1.44	1.43	1.36	1.36
山西	0.34	1.13	1.12	1.16	1.10	1.11	1.03	1.03
内蒙古	0.20	1.17	1.15	1.23	1.17	1.19	1.16	1.17
辽宁	0.73	1.09	1.04	1.03	1.00	0.99	0.96	0.95

---

①　单豪杰. 中国资本存量 K 的再估算：1952—2006 年 [J]. 数量经济技术经济研究，2008（10）：17 - 31.

②　郭庆旺，贾俊雪. 中国全要素生产率的估算：1979—2004 [J]. 经济研究，2005（6）：51 - 60.

续表

年份 省份	2003	2004	2005	2006	2007	2008	2009	2010
吉林	0.38	1.16	1.09	1.11	1.02	1.00	0.98	0.97
黑龙江	0.42	1.31	1.31	1.36	1.28	1.27	1.22	1.19
上海	0.21	1.94	1.94	1.93	1.99	2.02	2.03	2.08
江苏	0.30	1.76	1.75	1.78	1.76	1.77	1.74	1.74
浙江	0.40	1.52	1.53	1.56	1.57	1.61	1.59	1.60
安徽	0.50	0.92	0.89	0.97	0.81	0.80	0.75	0.75
福建	0.54	0.33	0.23	0.22	0.12	0.09	0.06	0.04
江西	0.02	1.30	1.28	1.36	1.28	1.25	1.19	1.17
山东	0.28	1.65	1.63	1.69	1.67	1.68	1.66	1.65
河南	0.22	1.44	1.40	1.49	1.34	1.34	1.29	1.29
湖北	0.34	1.27	1.27	1.34	1.26	1.25	1.20	1.19
湖南	0.34	1.19	1.18	1.28	1.18	1.17	1.12	1.12
广东	0.41	1.84	1.84	1.90	1.87	1.88	1.86	1.86
广西	0.33	1.01	0.97	1.09	0.93	0.93	0.87	0.85
海南	0.34	0.71	0.71	0.83	0.74	0.72	0.65	0.64
四川	0.35	0.26	0.25	0.38	0.24	0.25	0.18	0.20
贵州	0.13	0.77	0.78	0.95	0.77	0.78	0.74	0.73
云南	0.81	0.46	0.41	0.54	0.39	0.39	0.35	0.34
陕西	0.10	1.19	1.18	1.24	1.14	1.14	1.10	1.10
甘肃	-0.03	1.10	1.10	1.24	1.09	1.07	1.02	0.99
青海	0.17	0.50	0.52	0.61	0.52	0.55	0.50	0.49
宁夏	0.23	0.45	0.45	0.54	0.47	0.45	0.41	0.39
新疆	0.21	1.14	1.14	1.20	1.15	1.17	1.13	1.12

资料来源：作者计算整理，原始数据来自《中国统计年鉴》各期，限于篇幅，原始数据作者留存，如有需要可向作者索取。

在实际计算中由于劳动和资本的单位无法统一，因此，表6-4所得结果的绝对数值并没有实际意义，但其波动却是符合现实情况的。尽管本书实际所得数值与国内学者研究结果不一致，但表6-4所表现出的整体趋势是与主要学者（刘生龙、胡鞍钢，2010[①]）的测算相一致的。从表6-4中所列结果可以看出，我国绝大部分省份的全要素生产率并不是稳定提高的，而是随时间波动的，这说明我国当前的经济增长中要素投入劳动的比例较大，而技术进步对经济增长的贡献并没有体现出来。同时，全要素生产率的高低也并不与经济发达程度成正相关，如北京的全要素生产率历年均在我国省份中处于较低水平，这与北京的经济增长过多依赖资本投资的现实是相符的。而全要素生产率较高的上海、江苏、浙江等省市的全要素生产率较高则是比较符合现实情况的。

（二）自变量

（6.1）式中的自变量包括我国各省的研发投入、通过对外直接投资反向外溢的国际研发资本以及我国各省的人力资本存量。

1. 反向外溢的国际研发资本

本章的关键自变量是反向外溢的国际研发资本。借鉴 LP 模型的测算方法，本章采用公式：$SFO_{jt} = \dfrac{OFDI_{jt}}{Y_{jt}} \times SD_{jt}$ 估算各省通过对外直接投资反向外溢获得的国际研发资本。本书选择我国对外投资额达十亿美元以上的东道国的研发资本作为国际研发资本的代理变量。根据《中国对外直接投资统计公报》的统计结果，我国对外直接投资额达 10 亿美元以上的国家的九个国家吸收的我国对外直接投资额的 84% 以上，对本章的问题研究具有很强的代表性。利用 LP 方法估算反向外溢国际研发资本涉及的数据包括东道国的研发投入、国内生产总值以及我国各省对其的直接投资额。除我国数据来自《中国对外直接投资统计公报》外，其他数据均取自世界银行《世界发展指标》和联合国贸发会议统计数据库（UNCTAD）。

---

① 刘生龙、胡鞍钢. 基础设施的外部性在中国的检验：1988—2007 [J]. 经济研究，2010（3）：4-14.

2. 国内研发投入

研发资本的估算目前在学术界并没有形成较为一致的方法，为了研究的便利，本章采用我国科技部公布的《全国科技经费投入统计公报》中历年各省研究与试验发展（R&D）经费作为各省研发投入的代理变量，为了消除价格上涨因素，本书利用各省固定资产投资价格指数将历年数据折算成 2003 年价格。

3. 人力资本存量

人力资本存量的估算常见的方法包括人力资本投入法、平均受教育年限法、初次入学率法等，其中我国义务教育的普及程度已经相当高，省份之间的初次入学率差别已经不能体现人力资本的差别。同时我国已经有较为完善的人口受教育状况统计数据，为我们利用平均受教育年限估算人力资本存量提供了条件。具体计算公式为：

$$H_{it} = \frac{P_{it} \times 6 + J_{it} \times 9 + S_{it} \times 12 + U_{it} \times 16}{TP_{it}}$$

其中 P、J、S、U 分别表示 i 省份 t 时期受过小学、初中、高中以及大学以上的人口数，TP 表示 i 省 t 时期的总人口数。

三、数据检验

（一）描述性统计

变量的描述性统计见表 6 - 5。

表 6 - 5　　　　　　　　变量的描述性统计

	F	SD	SFO	H
均值	17. 70512	99. 48164	1. 62E + 08	8. 254872
中值	12. 30698	52. 03453	48470304	8. 238190
最大值	107. 0507	589. 3722	1. 74E + 09	11. 17257
最小值	0. 938634	1. 200000	8636. 904	6. 040470

续表

	F	SD	SFO	H
标准差	21.35538	119.9055	2.84E+08	0.922263
偏度	2.144825	1.935626	3.052400	0.862496
峰度	7.498213	6.552993	13.10201	4.384242
观测值	203	203	203	203

资料来源：作者计算整理。

从表6-5可以看出我国地区之间的研发投入、人力资本以及对外直接投资逆向技术溢出均存在显著的差别。

变量相关性检验见表6-6。

表6-6   变量相关性检验

	F	SD	SFO	H
F	1.00	0.56	0.54	0.35
SD	0.56	1.00	0.66	0.54
SFO	0.54	0.66	1.00	0.37
H	0.35	0.54	0.37	1.00

资料来源：作者计算整理。

从表6-6所列结果可见，本章所选样本数据之间不存在显著自相关。

(二) 单位根与协整检验

为了避免"伪回归"，首先需要对各变量进行单位根检验，借助Eviews 6.0软件，选择常用的ADF检验方法，得到表6-7所列结果。因为本章的模型设定中对各变量进行了对数处理，因此本书在此处对各序列的对数序列进行单位根检验。表明经过一阶差分后，所有数据序列均为平稳序列。

表 6 – 7   单位根检验结果

变量	统计量		P 值
LogF	ADF – Fisher Chi-square	406. 789	0. 0000
	ADF – Choi Z – stat	– 15. 9633	0. 0000
LogH	ADF – Fisher Chi-square	106. 005	0. 0001
	ADF – Choi Z – stat	– 4. 26308	0. 0000
LogSD	ADF – Fisher Chi-square	109. 962	0. 0000
	ADF – Choi Z – stat	– 4. 75525	0. 0000
LogSFO	ADF – Fisher Chi-square	174. 604	0. 0000
	ADF – Choi Z – stat	– 8. 28026	0. 0000

资料来源：作者计算整理。

将（6.1）式各变量输入 Eviews6.0 软件，选择 KAO 协整检验方法，KAO 协整检验结果见表 6 – 8。

表 6 – 8   协整检验结果

ADF t – 统计量	P 值	结论
– 1. 546081	0. 0610	存在协整关系

经过以上数据检验，表明本章所选择的数据序列可以进行面板数据的回归。

四、实证考察及结果分析

（一）基于全国面板数据的回归

借助 Eviews6.0 软件，选择面板最小二乘（PLS）回归方法，经过 Hausman 检验，选择具有地区和时期固定效应的模型，回归结果见表 6 – 9。

表6－9   我国省际面板回归结果

变量	系数	标准误	T统计量	P值
LogSD	0. 800596	0. 285792	2. 801321	0. 0057
LogSFO	－ 0. 021723	0. 036335	－ 0. 597869	0. 5507
LogH	－ 2. 821896	2. 123729	－ 1. 328746	0. 1858
R － squared	0. 873263	F － statistic		30. 72735
Adjusted R － squared	0. 844844	Prob （F － statistic）		0. 000000
Durbin － Watson stat	1. 313877			

资料来源：作者计算整理。

从表6－9所列的F统计量可知本章的实证模型设立总体是符合经济理论的，模型的拟合程度也比较高。对模型三个自变量进行分析可见，研发投入的回归系数为0.800596，且显著程度较高，P值为0.0057，可见我国当前全要素生产率的增长主要依赖研发投入，研发投入增长1%，可使全要素生产率增长0.8%。人力资本的系数为负，且在统计上很不显著，P值为0.1858，说明当前我国人力资本并没有对技术进步产生直接的促进作用，这与本书之前的跨国实证考察结论是一致的，表明人力资本对技术进步的作用更多是通过与研发投入等的交互作用实现，而不是直接的促进。而逆向技术溢出的系数也为负，P值为0.5507，说明当前我国对外直接投资并没有产生显著的逆向技术溢出，这与本章第一节的结论是一致的。

考虑到我国当前逆向技术溢出吸收能力整体较弱，对反向外溢的消化吸收需要更长的周期，本书在此考虑自变量滞后一期的模型。模型考察结果见表6－10。

表6－10   我国省际面板回归结果（滞后一期）

变量	系数	标准误	T统计量	P值
$LogSD_{-1}$	0. 104240	0. 059662	1. 747190	0. 0828
$LogSFO_{-1}$	0. 002018	0. 007546	0. 267449	0. 7895

续表

变量	系数	标准误	T 统计量	P 值
LogH$_{-1}$	0.935423	0.413622	2.261541	0.0253
R – squared	0.995192	F – statistic		787.6551
Adjusted R – squared	0.993928	Prob（F – statistic）		0.000000

资料来源：作者计算整理。

通过对表6-10的观察发现，在考虑了各自变量的作用周期后，模型的实证考察结果发生了显著的变化。所有自变量的系数均为正，其中人力资本对技术进步的贡献变化最为明显，由负变为正，且在统计上非常显著。这说明本书之前的研究结论是准确的。人力资本对技术进步的促进并非以直接的促进为主，而是需要较长周期的吸收。而SFO对技术进步的贡献也由负变为正，说明逆向技术溢出效应在我国同样具有适用性，只是我国当前的这种效应还未充分显现。

（二）分区域的回归结果

为了进一步分析我国对外直接投资逆向技术溢出的区域差异，本章对我国省际面板数据做分区域的回归分析，为了避免数据损失，本书在此将我国省份分为东部、中部、西部三个主要区域①，并分别进行回归考察，所得结果见表6-11。

表6-11　　　　　　　　　分区域面板数据回归结果

自变量	东部		中部		西部	
	系数	标准误	系数	标准误	系数	标准误
LOG（H）	5.564659	5.472558	3.460036	2.255240	– 9.232656	3.121159
LOG（SD）	1.139919 *	0.716775	0.579581 *	0.356400	0.389429 *	0.352746

①　东部地区包括北京、天津、河北、辽宁、上海、江苏、浙江、福建、山东、广东、海南11个省市；中部地区包括山西、吉林、黑龙江、安徽、江西、河南、湖北、湖南8省；西部地区包括重庆、四川、贵州、云南、西藏、陕西、甘肃、青海、宁夏、新疆、内蒙古、广西12省区市。其中剔除数据不全的西藏，重庆并入四川分析。

续表

自变量	东部		中部		西部	
	系数	标准误	系数	标准误	系数	标准误
LOG（SFO）	0.139567 *	0.089705	−0.053852	0.038461	−0.045081	0.053684
R–squared	0.881895		0.936520		0.829983	
Adjusted R–squared	0.842527		0.910476		0.769977	
F–statistic	22.40117		35.96017		13.83166	
Prob （F–statistic）	0.000000		0.000000		0.000000	
Durbin–Watson stat	1.297041		1.385219		1.400083	

资料来源：作者计算整理。表中所列参数"＊"表示在10%的水平下显著，否则为不显著。

与全国的回归结果相似，分地区的回归结果中，东部、中部、西部研发投入均对技术进步产生显著的促进作用，其中东部的促进作用最为明显，中部次之，西部的促进作用则较弱。而人力资本对技术进步的促进作用在此仍然不显著，这与全国面板数据的研究结论一致，说明人力资本对技术进步的促进作用并不是表现为其直接作用。本书需要关注的是对外直接投资逆向技术溢出对技术进步的作用。从表6－11中可以看到，我国对外直接投资存在显著的地区差异，东部地区的对外直接投资存在显著的逆向技术溢出效应，而中部地区和西部地区的回归结果为负，且统计上不显著，表明中部和西部地区的对外直接投资并没有产生显著的技术外溢，这一结论与李梅等（2010）[①] 的研究结论完全一致。

这一回归结果与我国的实际是基本相符的，东部地区在人力资本、研发投入、基础设施以及产业链建设方面均较西部更为完善，因此东部

---

① 李梅，柳世昌. 对外直接投资逆向技术溢出的地区差异和门槛效应 [J]. 管理世界，2012（1）：21－34.

地区技术吸收能力显著强于中西部,东部地区的对外直接投资逆向技术溢出对地区技术进步的促进更容易显现。同时,东部省份的对外直接投资规模也显著高于中西部,根据本书理论基础部分的分析,更大的对外直接投资规模更容易获取逆向技术溢出。

考虑到东部地区本身全要素生产率较高,而较高的生产技术水平可能成为地区对外直接投资的原因,而不是结果,因此,本书在此对东、中、西部的实证考察继续考虑各自变量滞后一期的模型,结果见表6-12。

表6-12 分区域面板回归结果(滞后一期)

自变量	东部		中部		西部	
	系数	标准误	系数	标准误	系数	标准误
$LOG(H_{-1})$	1.932940 *	1.028360	1.248132 **	0.516695	-0.229388	0.469028
$LOG(SD_{-1})$	0.133904	0.135873	0.087428	0.086450	0.115082 *	0.058989
$LOG(SFO_{-1})$	0.016781	0.017771	-0.002261	0.009407	-0.009097	0.008965
R-squared	0.996443		0.987409		0.995864	
Adjusted R-squared	0.995081		0.981507		0.994189	
F-statistic	731.5680		167.3044		594.8187	
Prob (F-statistic)	0.000000		0.000000		0.000000	

资料来源:作者计算整理。表中所列参数"*"表示在10%的水平下显著,否则为不显著。

由表6-12可见,在考虑滞后影响的情况下,我国东部地区和中部地区促进技术进步的主要因素是人力资本,而西部地区的主要因素是研发投入。本书所关心的对外直接投资的贡献则同样显示出地区差异。从表6-12可见,SFO滞后一期的回归结果中,东部地区的系数仍然为正,而中西部地区的回归系数为负。尽管从统计上看,该系数并不显著,但可以从侧面表明我国对外直接投资逆向技术溢出的地区差异,表明我国东部地区的对外直接投资存在逆向技术溢出效应，而中西部地区的对外直接投资逆向技术溢出效应并未显现。

五、省际面板数据考察的基本结论

运用面板最小二乘法（PLS）分别对我国总体的省级层面数据和分区域的面板数据进行考察的结果发现，我国对外直接投资总体并没有显示出显著的逆向技术溢出效应，而分区域的回归结果则显示我国东部地区的对外直接投资已经产生显著的逆向技术溢出，而中部和西部的对外直接投资并没有产生逆向技术溢出。这说明本章第一节的分析是符合我国实际情况的。本节的基本结论为：

（一）对外直接投资获取逆向技术溢出的规律对我国同样适用

尽管从我国省际面板数据的总体回归中并没有找到逆向技术溢出在我国存在的证据，但分区域的回归结果显示，我国东部地区的对外直接投资已经对区域技术进步产生了显著的促进作用。这说明对外直接投资逆向技术溢出的规律在我国同样适用。可以预见，随着我国对外直接投资规模的扩大，以及对外直接投资中技术获取目标的明确，对外直接投资完全可能成为我国接近和获取世界先进技术的重要手段，对我国整体技术进步产生促进作用。

（二）我国对外直接投资总体并没有显示逆向技术溢出效应

对我国省际面板数据的整体回归显示对外直接投资逆向技术溢出并没有对我国的技术基础进步产生显著的促进作用，这说明当前我国总体上在对外直接投资规模、技术吸收能力以及对外直接投资中技术获取动机的比重方面均不适合逆向技术溢出发挥作用。要优化"走出去"的结构，使得对外直接投资更好地促进我国的技术进步，还需在以上方面做改进。

（三）我国对外直接投资的逆向技术溢出存在区域差异

分区域的回归结果显示，我国东部地区的对外直接投资存在显著的逆向技术溢出效应，而中西部地区的对外直接投资则没有显示对区域技术进步的促进。这与我国实际基本相符。中西部地区在这方面可以向东部地区学习经验，完善其技术设施建设、金融市场建设以及在研发投入、人力资本等技术吸收能力指标的建设。同时，我国应采取措施促进对外直接投资的区域均衡发展，鼓励中西部地区"引进来"的同时，也采取"走出去"的策略发展区域经济。

第三节 我国 OFDI 逆向技术溢出吸收能力的实证考察

一、实证模型设定及指标设计

前一章通过跨国面板数据的实证考察，得出结论发现母国技术吸收能力对对外直接投资的逆向技术溢出有促进作用，当母国技术吸收能力与对外直接投资逆向技术溢出的交互作用对母国技术进步有正的贡献，同时母国技术吸收能力对技术进步的促进存在"门槛"效应，只有母国技术吸收能力达到"门槛值"，母国对外直接投资才能实现有效的逆向技术溢出。延续前一节的分析思路，本书在此继续对前节的实证考察所得结论进行深入分析。为了考察我国技术吸收能力对逆向技术溢出的影响，本书建立如下实证模型：

$$\log F_{it} = \alpha_1 + \alpha_2 \log SD_{it} + \alpha_3 I_{it} \times \log SFO_{it} + \alpha_4 H_{it} + \varepsilon_i \qquad (6.3)$$

（6.3）式中其他指标含义与模型（6.1）完全相同，I_{it}表示我国 i 省份 t 时期的技术吸收能力指标。本书用技术吸收能力与逆向技术溢出的交叉项检验技术吸收能力与逆向技术溢出的交互影响对我国省份技术进步的贡献。该指标的系数回归结果为正，则说明我国省份的技术吸收能力可以促进逆向技术溢出的吸收，从而实现对区域技术进步的促进，反之则说明我国技术吸收能力并没有实现对逆向技术溢出的有效吸收。

同时为了考察我国省份技术吸收能力是否达到逆向技术溢出的"门槛值",本书建立如下实证模型进行考察:

$$\log F_{it} = \alpha_1 + \alpha_2 \log SD_{it} + \alpha_3 I_{it}^2 \times \log SFO_{it} + \alpha_4 H_{it} + \varepsilon_{it} \qquad (6.4)$$

与（6.3）式相区别，（6.4）式将技术吸收能力指标设定为平方项，若（6.4）式中系数 α_3 回归结果显著为正，则表明前一章实证考察的普遍规律在我国同样适用，也表明我国省份技术吸收能力总体达到了"门槛值"要求；反之，则表明我国省份技术吸收能力总体较弱，并没有达到逆向技术溢出所要求的"门槛值"，需要进一步提高各项指标。

二、我国逆向技术溢出吸收能力现状及国际比较

在技术吸收能力指标选择方面，本书延续第五章的思路，选择人力资本强度、研发强度、技术基础设施、金融发展以及对外开放度五个指标。

（一）人力资本投入

为了避免自相关现象，本书选择作为吸收能力的人力资本指标时与作为新技术生产要素的人力资本采取不同的衡量指标。在前文研究人力资本对技术进步的直接贡献时，本书选择的是平均受教育年限，而在作为技术吸收能力衡量指标时，本书选择人力资本投入。一般来说，越注重教育投入的国家，其人力资本存量也越高，因此，本书在此选择教育经费投入占 GDP 的比重作为人力资本投入的代理指标。然而从国际比较情况来看，我国教育经费投入的强度还较小，与前文所选择的样本国家相比存在显著的差异。从第五章表 5－10 可见，我国公共教育经费投入占 GDP 的比重仅占最高的丹麦的不到一半，即使在样本国家中比重较低的爱尔兰也明显比我国的人力资本投入强度更高。因此，当前我国以人力资本投入衡量的技术吸收能力并不强，与前文所研究的具有较强逆向技术溢出吸收能力的样本国家相比存在显著差距。

（二）研发强度

表 5 -11 所列研发强度是指一定时期内各国研究与试验发展经费
（R&D）投入占 GDP 的比重，一般来说，该比重越大，该国越具有吸收
新技术的能力，因此，该指标可以作为技术吸收能力的衡量标准。同时
为了避免与人力资本指标相似的自相关性问题，在作为技术吸收能力的
研发投入指标选择上，本书区别于作为技术生产要素的研发投入。从第
五章表 5 -11 所列结果可见，我国研发强度与主要样本国家的差距同样
显著，这决定了我国技术吸收能力相对于样本国家较弱。

（三）技术基础设施

刘生龙、胡鞍钢（2010）将基础设施分为能源基础设施、交通基础
设施以及信息基础设施三类，通过省际面板数据的 GMM 分析发现，我
国交通基础设施与信息基础设施投资对经济增长存在显著正的外部性，
而能源基础设施对我国经济增长具有负的外部性。本书在此处所指的技
术基础设施定义为除直接的经济长效应之外，对经济增长具有正的外部
效应的基础设施建设。考虑到信息基础设施在知识传递过程中消除信息
不对称、加速信息传输以及提高信息传输效率方面的重要作用，本书在
此将信息基础设施作为技术基础设施的代理指标。尽管我国近年来加速
对信息基础设施的投入，但与发达国家相比，在信息基础设施投入上存
在明显差距。表 5 -14 所列为我国与主要发达国家的每百人网民数，表
明我国的技术基础设施现状及国际比较。从第五章表 5 -14 可见，我国
信息基础设施所代表的技术基础设施与发达国家仍存在显著差距，这很
可能影响我国对逆向技术溢出的吸收。

（四）金融发展

表 5 -13 所列 FIN 为我国与部分样本国家的金融发展现状对比。本
书选择的指标为银行信贷资金与 GDP 的比值。从第五章表 5 -13 可见，
前文研究的样本国家其银行信贷资金与 GDP 的比值均显著高于我国。以
2011 年为例，我国这一指标仅占日本的一半不到，香港特别行政区的这
一指标也显著高于我国内陆。因此，我国以银行信贷规模衡量的技术吸

收能力也并不强，很可能限制我国的逆向技术溢出的吸收。

（五）对外开放度

一般来讲，一个国家或地区采取更为开放的经济政策，有助于其与其他国家的交流合作，更容易获得国际技术外溢，这就是为什么包括中国在内的很多发展中国家将吸引外资等开放经济政策作为获取国际先进技术的一种重要手段（赖明勇等，2005[①]；沈坤荣等，2001[②]）。目前来看，我国与国际的比较，无论是通过吸引外资的数量还是通过贸易额来考察，我国的开放度无疑是世界最高的之一，因此这一指标衡量的我国逆向技术溢出吸收能力应该是很强的。

基于以上指标计算方法，结合我国省级层面数据，本书计算我国省际层面的逆向技术溢出吸收能力指标。

三、实证研究

基于（6.3）式和（6.4）式，并沿用前一节其他变量的数据，在吸收能力变量的数据方面，本节采用的变量与第五章的变量相同，数据来源为《中国统计年鉴》各期、《科技经费投入统计公报》各期、《中国金融年鉴各期》以及《国际经济年鉴》各期。

为了避免本书在此所选择的吸收能力指标之间具有替代性，首先需要对以上指标进行相关性检验，检验结果见表6-13。表中的符号分别表示研究与开发强度、对外开放度、人力资本投资强度、金融发展以及技术基础设施。从相关系数来看，本书在此所选择的吸收能力指标相关性均较弱，互相之间的替代性不强，也同时说明本书在此所选择的技术吸收能力指标综合考虑了我国逆向技术溢出吸收能力的各方面。

---

① 赖明勇，张新，彭水军，包群. 经济增长的源泉：人力资本、研究开发与技术外溢 [J]. 中国社会科学，2005（2）：32-49.

② 沈坤荣，耿强. 外国直接投资、技术外溢与内生经济增长——中国数据的计量检验与实证分析 [J]. 中国社会科学，2001（5）：83-95.

表6－13　　　　　　　　　　　吸收能力相关性检验

相关系数	RSD	OPEN	HD	FIN	INS
RSD	1.0000	0.1475	0.1490	0.6103	0.1629
OPEN	0.1475	1.0000	− 0.1366	0.2145	0.0248
HD	0.1490	− 0.1366	1.0000	0.3499	− 0.1854
FIN	0.6103	0.2145	0.3499	1.0000	− 0.1091
INS	0.1629	0.0248	− 0.1854	− 0.1091	1.0000

资料来源：作者计算整理。

与（6.1）式已经包含的各变量相区别，在（6.3）式和（6.4）式中新加入了吸收能力的各变量，需要对以上各指标进行单位根检验。借助 Eviews6.0 软件，选择 ADF 检验方法，结果各指标的原始序列均未通过平稳性检验，经过一阶差分后，RSD、OPEN、HD 经 ADF 检验显示为平稳序列，而对 FIN 和 INF 进行对数处理后，经检验 FIN 和 INF 的对数数列为一阶平稳序列，因此在以下的实证考察中，其他吸收能力指标采用的是原始序列，而 HD 和 INF 采取的是对数序列。对各指标单位根检验结果见表6－14。

表6－14　　　　　　　　　　　单位根检验结果

变量	方法	统计量	P 值
D(HD)	ADF – Fisher Chi-square	99.3949	0.0006
	ADF – Choi Z – stat	− 3.66548	0.0001
D(OPEN)	ADF – Fisher Chi-square	104.051	0.0002
	ADF – Choi Z – stat	− 4.40293	0.0000
D(RSD)	ADF – Fisher Chi-square	84.1672	0.0140
	ADF – Choi Z – stat	− 3.79839	0.0001

续表

变量	方法	统计量	P值
D（INS*）	ADF – Fisher Chi-square	60.2920	0.3929
	ADF – Choi Z – stat	– 1.34253	0.0897
D（FIN*）	ADF – Fisher Chi-square	73.9142	0.0776
	ADF – Choi Z – stat	– 1.60123	0.0547

资料来源：作者计算整理。*表示序列经过一次对数处理。

在进行协整检验时，对包含（6.2）式和（6.3）式各变量以及各技术吸收能力的协整方程进行 KAO 协整检验时，发现包含 RSD 和 log（INF）的协整方程不能通过协整检验，因此本书对 RSD 和 log（INF）进行对数处理。单位根检验结果见表6–15。

表6–15 单位根检验结果

吸收能力	ADF t – Statistic	Prob.	结论
HD	– 1.522987	0.0639	存在协整关系
OPEN	– 1.531478	0.0628	存在协整关系
RSD*	– 1.708378	0.0438	存在协整关系
INS*	– 1.398949	0.0809	存在协整关系
FIN**	– 1.395558	0.0814	存在协整关系

资料来源：作者计算整理。*、**分别表示序列经过一次和两次对数处理，否则为原始序列。

四、实证考察结果及解释

（一）我国吸收能力的线性考察

首先对我国逆向技术溢出各吸收能力的衡量指标根据模型（3）做线性回归考察，结果见表6–16。

表 6 – 16　　　　　　　　我国逆向技术溢出吸收能力线性考察

变量	人力资本	对外开放	研发强度	基础设施	金融发展
LOGH	– 2.742067	– 2.818727	– 3.000897	– 2.651813	– 2.744182
LOGRSD	0.805160 **	0.796100 **	– 0.206591	0.791028 **	0.791254 **
HD × LOGSFO	– 0.000656				
OPEN × LOGSFO		– 2.80E – 05			
RSD* × LOGSFO			0.068955 **		
INS* × LOGSFO				0.001495	
FIN** × LOGSFO					– 0.011274
R – squared	0.873035	0.873156	0.881442	0.873033	0.873248
Adjusted R – squared	0.844564	0.844712	0.854857	0.844562	0.844825
F – statistic	30.66396	30.69746	33.15482	30.66361	30.72309
Prob(F – statistic)	0.000000	0.000000	0.000000	0.000000	0.000000
Durbin – Watson stat	1.314066	1.315443	1.375800	1.310649	1.313703

资料来源：作者计算整理。经过 Hausman 检验，所有模型均为具有时期和截面固定效应。其中变量后 * 、 ** 分别表示对应的吸收能力变量数据经过一次和两次对数处理，否则为原始序列，系数后 * 、 ** 、 *** 分别表示显著程度为 10% 、5% 和 1% ，否则为不显著。

从表 6 – 16 回归结果可见，加入各吸收能力变量的模型（3）均实现了较好的拟合优度，模型整体解释力较强。除加入研发强度的模型外，其他模型回归系数中我国国内研发投入的系数均显著为正，这表明我国当前技术进步的主要促进力量为国内研发投入，这与本章第二节的研究结论是一致的。

进一步考察各吸收能力与反向外溢的交互项的系数发现，除加入研发强度和技术基础设施的模型外，其他模型吸收能力回归系数均为负，且在统计上并不显著，这说明我国以其他指标衡量的技术吸收能力均较弱，并不足以吸收逆向技术溢出，从而促进国内技术进步。这一实证考察结果可以作为本章第二节的一个有力的解释。

（二）我国吸收能力的非线性考察

为了考察我国各吸收能力变量是否已达"门槛值"，本书在此利用模型（4）进行吸收能力的非线性考察，考察结果见表6-17。

表6-17　　　　　　　我国逆向技术溢出吸收能力的非线性考察

变量	人力资本	对外开放	研发强度	基础设施	金融发展
LOGH	-2.607610	-2.753194	-2.658788	-2.628076	-2.638993
LOGRSD	0.818334 **	0.812582 **	0.892678 *	0.796311 **	0.814128 **
HD² × LOGSFO	1.93E-05				
OPEN² × LOGSFO		-5.72E-08			
RSD²* × LOGSFO			0.004224		
INS²* × LOGSFO				0.000372	
FIN²** × LOGSFO					-0.007197
R - squared	0.825305	0.826166	0.820635	0.806071	0.825879
Adjusted R - squared	0.793635	0.794653	0.788118	0.770914	0.794313
F - statistic	26.05969	26.21609	25.23748	22.92789	26.16372
Prob(F - statistic)	0.000000	0.000000	0.000000	0.000000	0.000000
Durbin - Watson stat	1.323846	1.326086	1.358208	1.393932	1.329142

资料来源：作者计算整理。经过 Hausman 检验，所有模型均为具有时期随机效应和截面固定效应。其中变量后 * 、 ** 分别表示对应的吸收能力变量数据经过一次和两次对数处理，否则为原始序列，系数后 * 、 ** 、 *** 分别表示显著程度为 10% 、5% 和 1% ，否则为不显著。

从表6-17的结果可见，加入各吸收能力变量平方项的模型均显示较好的拟合优度，模型整体解释力较强。从回归系数来看，所有模型的国内研发投入系数均显著为正，同样表明我国技术进步的主要推动力是国内研发投入。而人力资本对技术进步的直接促进并没有显示出来。这与本书之前的研究结论是一致的。

进一步考察各吸收能力变量的系数，发现除人力资本强度、研发强度以及技术基础设施外，其他吸收能力变量的平方项与反向外溢的交叉项的系数回归结果为负，并且所有系数的回归结果在统计上并不显著。这表明，当前我国逆向技术溢出的吸收能力总体上较弱，甚至没有达到逆向技术溢出所要求的"门槛值"。只有进一步加大人力资本投资、研究开发投入、技术基础设施投入，并加快金融发展和扩大对外开放才能够使得我国对外直接投资的逆向技术溢出效应得以实现。

五、我国逆向技术溢出吸收能力实证考察的主要结论

在前一节省际面板数据考察的基础上，本节对我国对外直接投资逆向技术溢出的主要吸收能力变量进行了实证考察，经过线性和非线性的考察，本节可得出如下基本结论：

吸收能力弱是我国逆向技术溢出效应未显现的主要原因。通过对逆向技术溢出吸收能力的国际比较，我们已经基本可以得出这一结论，进一步基于我国省际面板数据实证考察可以进一步确认这一结论。对各技术吸收能力进行线性考察的结果发现，除我国研发投入已经对逆向技术溢出产生强化作用外，其他吸收能力变量均未对我国逆向技术溢出产生强化作用。因此，要使得对外直接投资对我国技术进步的促进作用得到体现，需要增强我国自身的技术吸收能力。

我国逆向技术溢出吸收能力总体并未越过"门槛值"。通过对我国逆向技术溢出吸收能力的非线性考察，发现在其他条件不变的情况下，我国逆向技术溢出吸收能力的平方项的回归系数并为表现出与国际经验相一致的"U"形特征，这表明我国逆向技术溢出的吸收能力仍然处于"U"形曲线的前端，并未越过吸收能力的"门槛值"。

第七章

东道国特征对中国 OFDI 逆向
技术溢出的影响研究

  因为我国对外直接投资起步较晚，学术界对其研究也还有很多值得深入挖掘的地方。从反向技术溢出的角度来看，我国学者的研究主要集中于对反向技术溢出效应的存在性研究，以及从我国的角度探寻对反向技术溢出的影响因素，而现有关于东道国相关因素的研究也主要集中于对我国 OFDI 数量的影响研究上，尚缺乏对东道国相关因素对我国 OFDI 反向技术溢出的影响的具体分析，而东道国的相关因素势必对我国 OF-DI 的反向技术溢出效应产生影响。本章将从东道国特征视角考察对外直接投资逆向技术溢出的影响因素。在实证数据选择方面，与前两章的研究相反，本章所选择的样本数据最好是选择基于一国对不同的东道国的对外投资数据，但当前世界主要机构的统计数据库均缺乏国与国之间的投资数据，因此本书选择我国对外直接投资的国别统计数据。当然限于数据可得性，本书不能在如前两章去区分对外直接投资的技术寻求特征，这样会损失较多样本国家。而只能选择我国向所有国家的直接投资数据，不过这样做的好处是可以反过来检验我国对外直接投资的技术寻求比重，这样反过来进行国际比较可以为我国对外直接投资改善现状提供更加有益的帮助。

第一节　东道国人力资本、研发投入对
反向技术溢出的影响

与吸引外商直接投资时被动接受跨国公司的选择不同，我国在利用 OFDI 的逆向技术溢出中可以主动选择外溢效应显著的东道国。同时，我国目前的对外直接投资还刚刚起步，规模相对较小，也要求我们在投资时以获取技术为目的对东道国加以选择。本书利用 2003～2008 年基于不同东道国的面板数据，对我国 OFDI 的逆向技术溢出进行了实证研究，从东道国的角度，研究东道国人力资本存量、研发投入等因素对我国 OFDI 逆向技术溢出效应的影响，从而为我国选择 OFDI 东道国，充分利用 OFDI 逆向技术溢出效应提供依据。

一、理论假设与指标设计

假设 1：通过对外直接投资反向溢出的国际 R&D 资本对我国的技术进步有促进作用。

尽管中国 OFDI 逆向技术溢出的存在已经成为我国学术界的普遍共识，但因为逆向技术溢出效应的存在是本书的研究得以开展的理论前提，因此尽管不作为本书的关键假设，本书仍然有必要对逆向技术溢出的存在性进行验证，并在此基础之上进行进一步的研究。

假设 2：东道国研发投入越多，我国通过 OFDI 反向外溢获得的研发资本也越多，对我国的逆向技术溢出也越显著。

在科等（Coe et al.，1995）[①] 开创性的实证研究中，就已经指出一

---

① Coe D T, Helpman E. International R&D Spillovers [J]. European Economic Review, 1995, 39（5）：859 - 887.

国技术进步主要取决于研发投入，而这里的研发投入包括本国的研发资本存量和通过外商直接投资外溢（FDI）的外国研发资本存量。而当我们将本国 OFDI 也作为一种吸收国际 R&D 外溢的渠道时，显然应该将通过 OFDI 外溢的国外 R&D 资本存量考虑进来。根据科和惠尔普曼研究 FDI 对本国技术进步贡献的相同思路，当东道国研发投入增加时，通过我国 OFDI 反向外溢到我国的东道国研发资本也随之增加，从而对我国技术进步的促进也更加显著。

假设 3：东道国人力资本越充裕，通过 OFDI 对我国的逆向技术溢出越显著。

遵循赖明勇等（2005）的研究思路，一国新技术的产生除取决于现有技术知识的存量和通过外溢渠道获得的国外技术之外，还取决于人力资本的投入。因此，从东道国的角度我们可以知道，东道国的人力资本越充裕，其产生的新技术也将越多，相应的，在我国技术寻求型 OFDI 下对我国的逆向技术溢出也将越显著。

假设 4：东道国对外开放度越高，对我国的 OFDI 逆向技术溢出越显著。

西子奥蒂斯（Siotis，1999）[①] 就曾经指出 OFDI 逆向技术溢出受国际经济环境的影响。东道国与投资母国之间密切的经济交往将有助于两国之间的技术交流。

二、模 型 设 定

为了探寻东道国相关因素对我国 OFDI 逆向技术溢出效应的实际影响，借鉴科和惠尔普曼（1995）研究国际 R&D 外溢的经典计量模型，本书建立如下计量模型：

---

① Siotis G. Foreign direct investment strategies and firms' capabilities [J]. Journal of Economics and Management Strategy, 1999, 8: 251 – 270.

$$logF_t = \alpha_i + \alpha^d logSD_{it} + \alpha^f logSF_{it} + \varepsilon_{it} \qquad (7.1)$$

$$logF_t = \alpha_i + \alpha^d logSD_{it} + \alpha^f RD_{it} logSF_{it} + \varepsilon_{it} \qquad (7.2)$$

$$logF_t = \alpha_i + \alpha^d logSD_{it} + \alpha^f OPEN_{it} logSF_{it} + \varepsilon_{it} \qquad (7.3)$$

其中（7.1）式用于检验我国 OFDI 逆向技术溢出的存在性，（7.2）式和（7.3）式用于检验东道国相关因素对我国 OFDI 逆向技术溢出效果的影响。其中 F_t 表示我国的技术进步状况。SD_{it}，SF_{it} 分别表示我国国内在 t 时期的研发资本存量和通过逆向技术溢出获得的国外研发资本存量，下标 it 与不同国家的相应变量对应。限于篇幅，本书最终选定东道国研发资本存量、人力资本以及对外开放度三个可能对逆向技术溢出产生影响的关键因素。其中东道国研发资本存量在（7.1）式中考虑，人力资本和对外开放度分别在（7.2）式和（7.3）式中考虑。借鉴伯仁斯坦（Borensztein，1998）[1] 度量 FDI 技术外溢吸收能力的做法，本书用 RD、OPEN 与 $logSF_{it}$ 的交叉项度量东道国相关因素对我国 OFDI 逆向技术溢出的影响程度。

三、指 标 设 计 与 数 据 说 明

1. 技术进步 F 的指标选择

本书用全要素生产率作为技术进步的评价指标。本书借鉴王英等（2008）[2] 的方法，用计量回归的方法估算我国的 TFP。设定规模报酬不变的柯布 – 道格拉斯生产函数 $Y_t = A_0 e^{gt} L_t^a K_t^b$。其中，$K_t$、$L_t$ 分别表示资本和劳动投入，$a + b = 1$，$A_0 e^{gt} = \dfrac{Y_t}{L_t^a K_t^b}$ 表示全要素生产率，这一表达式

---

① Lichtenberg, F., and B. van Pottelsberghe de la Potterie (1996). International R&D Spillovers: A Re – Examination. NBER Working Paper 5668. National Bureau of EconomicResearch, Cambridge, Mass.

② 王英，刘思峰. 中国 ODI 反向技术外溢效应的实证分析 [J]. 科学学研究，2008（2）：294 – 298.

165

表明 t 时的技术状况取决于两个因素——基期的技术知识存量 A_0 和 t 时发生的技术进步 $e^{\gamma t}$。对生产函数进行线性变换可以得到 $\log(Y_t/L_t) = \log A_0 + gt + b\log(K_t/L_t) + e_t$，对该式进行 OLS 回归，得到参数 β。本书用不变价格的 GDP 代替 Y_t，用全社固定资产投资代替 K_t，用全社会就业人数作为劳动投入 L_t。本书使用 1991~2010 年的数据进行测算，数据来自《中国统计年鉴》各期，其中 GDP 通过各年 GDP 指数折算成 1991 年不变价格。全社会固定资本通过哥德史密斯（Goldsmith）开创的永续盘存法计算，基本公式为 $K_t = I_t + (1-\delta)K_{t-1}$，其中 I_t 为 t 期的实际投资，本书采用各期全社会固定资本投资，用各期固定资本投资价格指数折算成 1991 年不变价格，K_t 和 K_{t-1} 分别为本期和上一期的实际资本存量，δ 为折旧率，本书采用单豪杰（2008）的研究成果，δ 取值为 10.96%，基期 1991 年的资本存量为 35710.772 亿元。将以上数据输入 Eviews6.0 软件，采用 OLS 回归得到：

$$\log F_t = 5.8848 + 0.05437t + 0.2682\log(K_t/L_t)$$

Adjusted $R^2 = 0.9953$，$F = 1909.407$，$DW = 1.4128$，可见上述方程拟合效果非常好，且通过了序列自相关检验。可得 $\beta = 0.2682$，$\alpha = 0.7318$，代入 TFP 计算公式 $A = \dfrac{Y_t}{L_t^a K_t^b}$，并代入各年的劳动与资本投入数量，结算可得我国各年的全要素生产率，结果见表 7-1。

表 7-1   1991~2010 年中国全要素生产率

年份	TFP	年份	TFP	年份	TFP	年份	TFP
1991	0.3913	1996	0.5827	2001	0.7242	2006	0.9553
1992	0.4339	1997	0.6134	2002	0.7613	2007	1.0351
1993	0.4762	1998	0.6364	2003	0.8021	2008	1.0797
1994	0.5171	1999	0.6615	2004	0.8427	2009	1.1127
1995	0.5516	2000	0.6937	2005	0.8925	2010	1.1598

资料来源：作者计算整理。

2. 通过 OFDI 反向外溢到我国的国外研发资本的测算

本书采用里茨伯格（Lichtenberg，1996）等研究 FDI 技术外溢时的方法，通过构建指标来测度通过 OFDI 反向外溢到我国的国外 R&D 资本。具体公式为：

$$SF_{it} = \frac{OFDI_{it} * S_{it}}{GDP_{it}}$$

其中 SF_{it} 表示 t 时期通过 OFDI 反向外溢到我国的 i 国的 R&D 资本，$OFDI_{it}$ 表示 t 时期我国对 i 国的直接投资存量，数据来源于商务部网站的《对外直接投资统计公报2009》，S_{it} 和 GDP_{it} 分别表示 t 时期 i 国的 R&D 资本存量和 GDP。考虑到本章要考察东道国研发投入对我国逆向技术溢出的影响，本书在此将这一研究目标考虑进去，用东道国研发投入占其 GDP 的比重与我国对其直接投资的乘积来代表这一指标，用以表征我国对外直接投资逆向技术溢出受东道国研发投入的影响。数据来源于世界银行网站数据库。

3. 我国的 R&D 资本存量的确定

本书直接采用科技部网站公布的历年研究与试验发展经费支出作为 R&D 资本的代理变量。

4. 东道国人力资本 HR 与对外开放度 OPEN 的评价指标

采用大部分文献的做法，本书选择东道国大学生入学率作为人力资本的代理变量，用东道国吸引外资的数量占 GDP 的比重表示东道国的对外开放度。数据来源均为世界银行网站数据库。

我国对外直接投资的统计只从 2003 年开始，而世界银行统计的各国大学入学率只到 2008 年为止，因此本书选用的面板数据均为 2003 年到 2008 年。同时，也只能选择能够提供完整数据的 23 个国家作为研究样本①。

---

① 这23个国家为 Austria、Belgium、Bulgaria、Canada、Cuba、Czech Republic、Denmark、France、Ireland、Israel、Italy、Kazakhstan、Latvia、Netherlands、Panama、Poland、Romania、Russian Federation、Slovak Republic、Spain、Sweden、United Kingdom、United States.

四、实证检验

本书研究中涉及的序列包括 TFP、SD、SF、HR 和 OPEN，具体数据来源和含义已在前文交代过。其中 HR 和 OPEN 与模型中的 X_{it} 对应，与 SF 作交叉相乘，检验其对我国反向技术溢出的影响程度。为了避免伪回归现象，我们先将序列输入 Eviews6.0 软件进行单位根检验，本书选择常用的 ADF 检验方法。最终水平检验全都不通过，而对原序列取一阶差分的检验结果见表 7-2。

表 7-2 相关序列单位根检验结果

序列	统计量		P 值	结论
Log(TFP)	Fisher Chi-square	48.642	0.3670	至少存在一个单位根
	ADF - Choi Z - stat	-1.882	0.0298	存在一个单位根
Log(SD)	Fisher Chi-square	102.822	0.0000	存在一个单位根
	ADF - Choi Z - stat	-5.964	0.0000	存在一个单位根
Log(SF)	Fisher Chi-square	68.6918	0.0000	存在一个单位根
	ADF - Choi Z - stat	-3.0786	0.0000	存在一个单位根
HR * log(SF)	Fisher Chi-square	69.6826	0.0137	存在一个单位根
	ADF - Choi Z - stat	-3.0667	0.0011	存在一个单位根
OPEN * log(SF)	Fisher Chi-square	74.1567	0.0053	存在一个单位根
	ADF - Choi Z - stat	-3.6341	0.0001	存在一个单位根

资料来源：作者计算整理。

从表 7-2 可以看出，除 TFP 的对数序列的 Fisher Chi-square 统计量外，其他统计量均可以得出相关序列存在一个单位根的结论，因此所有序列是一阶单整序列，可以进行协整检验。将（7.1）式、（7.2）式、（7.3）式的相关序列分别输入 Eviews6.0 软件，选择 KAO 检验得表 7-3 的结果。

表7-3   协整检验结果

检验对象	t 统计量	p 值	结论
模型（1）	-19.2298	0.0000	变量之间存在协整关系
模型（2）	-19.10343	0.0000	变量之间存在协整关系
模型（3）	-19.36765	0.0000	变量之间存在协整关系

资料来源：作者计算整理。

表7-3所列的检验结果表明本书所建立的各计量模型的相关变量之间都存在稳定的协整关系，可以进行回归分析。本书首先建立随机效应模型，并进行 Hausman 检验。Hausman 检验的原假设为随机效应模型。检验结果见表7-4。

表7-4   Hausman 检验结果

	模型（1）	模型（2）	模型（3）
Chi - Sq. Statistic	0.0000	0.0000	1.3833
Chi - Sq. d. f	2	2	2
P 值	1.0000	1.0000	0.5008
结论	随机效应	随机效应	随机效应

资料来源：作者计算整理。

基于以上检验结果，本书分别建立三个模型的随机效应模型，直接采用 Eviews6.0 在 Hausman 检验中的辅助回归结果，见表7-5。

表7-5   随机效应回归结果

参数	模型（1）	模型（2）	模型（3）
α_i	-2.2821 *	-2.2760 *	-2.3043 *
α^d	0.2795 *	0.2787 *	0.2824 *
α^f	0.0021 **	3.48E-05 **	0.0019 ***

参数	模型（1）	模型（2）	模型（3）
Adjusted R – squared	0.9880	0.9880	0.9878
F – statistic	472.1088	472.7867	465.9012
Durbin – Watson stat	2.2578	2.2598	2.2561

资料来源：作者计算整理。表中 * 、** 分别表示在1%和5%的水平下显著，*** 所标参数的 t 检验值为2.2561，p 值为0.1225，结果不十分显著。

从表7-5中可见，所有模型均通过了较好的拟合度检验，拟合效果非常好，从 D-W 统计量来，三个模型也通过了自相关检验。

三个模型的 SD 系数均为正，且非常显著，可见我国的 R&D 资本投入始终是我国技术进步的主要动力，这一结论与本书前一章的研究结论是一致的。我们应该坚持自主创新的道路。

三个模型的 SF 系数均为正，除模型（3）外，其他模型的系数均在5%的水平下显著。这一结论与本书前一章的研究结论不一致。主要原因在于前一章所选择的样本国家为我国对外直接投资的主要东道国（地区），包括中国香港、英属维尔京群岛等，而这些国家（地区）与我国的技术差距不足以产生逆向技术溢出。而本章所选择的样本国家则包括澳大利亚、加拿大、新西兰、美国、英国等技术水平明显高于我国的发达国家，尽管我国当前对这些国家的直接投资规模小、比重低，但这些国家仍然对我国产生了显著的逆向技术溢出。

这表明在考虑东道国特征的条件下，我国的对外直接投资对我国国内的技术进步有显著的促进作用，我国的对外直接投资具有显著的反向技术外溢效应。同时，三个模型的 SF 系数数值均比较小，这并不能说明我国的对外直接投资逆向技术溢出效应不明显。这是因为本书从数据可得性的角度选择的东道国样本覆盖面太窄，所包含的我国 OFDI 的数额占我国总体 OFDI 份额太低，并不能说明我国 OFDI 逆向技术溢出的总体水平低。可见本书的假设1与假设2得到了验证。

从（7.2）式中我们可以看出，当采用人力资本与反向技术溢出的交叉相乘项进行回归时，SF 的系数显著为正，表明东道国人力资本对我国 OFDI 的反向技术溢出具有促进作用。本书的假设 3 得到了验证。

从（7.3）式的回归结果中，尽管 SF 的系数显著性不够，但也可以看出，东道国的对外开放水平对我国 OFDI 的逆向技术溢出有促进作用。当然，基于数据的可得性，本书所选择的东道国外资占 GDP 的比重衡量的对外开放度并不全面，不能很好地表明东道国的对外开放水平。但这里的实证结果可以作为验证本书假设 3 的佐证。

第二节　东道国制度环境对逆向技术溢出的影响

本节将从东道国制度因素的差异出发，实证研究东道国制度因素的差异对我国对外直接投资反向技术溢出效应的影响，从而为我国企业合理选择对外投资的国别区域，为充分利用对外直接投资的技术溢出效应提供有益的建议。

一、理论分析与模型设定

（一）基本模型的推导

首先遵循波特瑞和里茨伯格（Potterie & Lichtenberg，2001）[①] 研究国际技术外溢的基本思路（即 L - P 模型），假设我国的生产函数为：

$$Y_t = A_t K_t^\alpha L_t^\beta S_t^\gamma H_t^\theta \tag{7.4}$$

（7.4）式表示我国 t 时的总产出由 t 时的资本投入 K_t、劳动投入 L_t

---

① Bruno Van Pottelsberghe De La Potterie & Frank Lichtenberg. Does Foreign Direct Investment Transfer Technology Across Borders?, The Review of Economics and Statistics, MIT Press, 2001, vol83（3）: pages 490 - 497.

研发投入 S_t 人力资本投入 H_t，A_t 为 t 时已有的技术水平。同时本书设定资本与劳动的投入是规模报酬不变的，即 $\alpha + \beta = 1$。经过简单变换可得 t 时我国总体技术水平为：

$$Y_t / K_t^\alpha L_t^\beta = A_t S_t^\gamma H_t^\theta \qquad (7.5)$$

即全要素生产率 TFP。可见 t 时我国总体技术水平决定于研发投入、人力资本投入和初始技术水平。其中研发投入 S_t 包括我国国内研发投入和国际外溢渠道获得的研发投入两部分。限于篇幅，本书只考虑通过国际直接投资获得的外溢资本。因此可将 S_t 分解为国内研发投入 SD_t、通过吸引外商直接投资获得的外溢 SFI_t 以及通过我国对外直接投资获得的外溢 SFO_t，则（7.5）式可进一步变换为：

$$TFPt = A_t H_t^\theta SD_t^{\gamma_1} SFI_t^{\gamma_2} SFO_t^{\gamma_3} \qquad (7.6)$$

对（7.6）式进行简单的对数运算可得本书的基础模型：

$$logTFP_t = C + \theta logH_t + \gamma_1 logSD_t + \gamma_2 loglogSFI_t + \gamma_3 logSFO_t + u_t \quad (7.7)$$

其中 u_t 表示随机误差项。基于本书的研究目标，（7.7）式用于检验我国 OFDI 逆向技术溢出的存在性，但并未考虑到 OFDI 对我国技术产生影响的中间变量。本书的一个基本假设是东道国的制度因素是我国对东道国 OFDI 存量与我国技术创新的中间变量。因此在（7.7）式的基础上加入变量 INS_{it} 表示东道国 i 在 t 时的制度因素，借鉴赖明勇等（2005）的经典做法，用制度因素变量与 SFO 的交叉项表示制度因素对我国 OF-DI 反向技术溢出效果的影响，得到本书最终的计量模型：

$$logTFP_t = C + \theta logH_{it} + \gamma_1 logSD_{it} + \gamma_2 logSFI_{it}$$
$$+ \gamma_3 INS_{it} * logSFO_{it} + u_t \qquad (7.8)$$

其中 SFI_{it} 表示我国在 t 时期通过 i 国对我国的 FDI 外溢的研发资本，SFO_{it} 表示我国在 t 时期通过对 i 国直接投资获得的研发资本的外溢，INS_{it} 为 t 时期 i 国的制度因素。其他变量的意义同前，为了便于使用面板数据进行模型的检验，本书在我国的相关变量下也加下标 it 与东道国相关指标对应。在自变量中，本书要研究的是东道国制度因素 INS 和我国 OFDI 反向外溢的国外研发资本 SFO 对我国技术水平的影响，因此其他自变量作为控制变量。

二、指标设计与数据说明

本书的关键指标包括三个，我国技术水平 TFP、东道国通过我国 OFDI 反向外溢到我国的研发资本 SFO 以及东道国制度因素变量 INS。其他变量为控制变量，具体指标计算如下：

1. 我国技术水平 TFP 的测算

当前学术研究中用于表明一国技术水平的数量指标主要包括全要素生产率和技术产出指标，结合本书理论模型的推导，选择全要素生产率（TFP）作为技术水平的衡量指标更适合本书的研究。全要素生产率的测算还没有形成统一规范的方法，本书借鉴王英等（2008）的方法，用计量回归的方法估算我国的 TFP。王英等（2008）用 $A_0 e^{gt} = Y_t / L_t^a K_t^b$（设 $\alpha + \beta = 1$）表示全要素生产率，通过对计量模型 $\log(Y_t/L_t) = \log A_0 + gt + b\log(K_t/L_t) + e_t$ 进行 OLS 回归，得到参数 β，从而将各年数据代入式 $A_0 e^{gt} = Y_t / L_t^a K_t^b$ 可得各年 TFP。其中 A_0 表示基期的技术水平，$e_{\gamma t}$ 表示 t 期的技术产出，K_t 表示 t 期我国的固定资本存量，L_t 表示 t 期我国劳动投入，所有数据均来自《中国统计年鉴》各期，并折算成 1991 年价定期数值。具体计算结果见本章第一节表 7-1。

2. 通过 OFDI 反向外溢的国际研发资本 SFO 的测算

很多研究直接以我国对外直接投资额作为反向外溢的评价指标进行实证研究，这样势必会造成"越多越好"的假象。实际上通过 OFDI 反向外溢的国际 R&D 资本，一方面取决于我国对东道国的 OFDI 数额，另一方面也取决于该国的 R&D 资本投入，同时还受到该国吸引外资综合的影响。因此，本书借鉴科和惠而浦曼（1995）在研究进口贸易的技术溢出时的做法，建立如下指标衡量 OFDI 渠道对我国的国际 R&D 资本溢出：

$$SFO_{it} = \frac{OFDI_{it}}{\sum IFDI_{it}} R\&D_{it}$$

其中OFDI$_{it}$表示我国在t时期对i国的直接投资存量，$\sum$IFDI$_{it}$表示t时期i国吸引的内向直接投资存量总额，R&D$_{it}$表示i国在t时期的研发资本。本书在计算该指标时的原始数据分别来自《中国对外直接投资统计公报》各期、联合国统计数据库以及世界经济合作组织数据库。基于数据可得性的限制，该指标的计算以世界经济合作组织的数据为主。计算结果见表7-6。

表7-6　　　　部分国家通过OFDI渠道外溢到我国的研发资本（百万美元）

	2003	2004	2005	2006	2007	2008	2009
日本	134.65	209.81	225.93	309.08	633.66	420.74	590.07
美国	59.29	73.51	94.31	130.74	197.61	382.73	427.33
韩国	57.01	124.02	198.40	234.83	335.34	281.15	302.95
澳大利亚	16.35	18.42	31.41	40.05	67.44	252.43	275.20
德国	12.95	17.10	38.77	58.53	102.12	123.03	148.89
加拿大	2.81	3.84	7.02	9.46	65.99	79.28	83.47
英国	4.03	5.73	5.06	7.57	38.24	40.25	39.61

资料来源：作者计算整理，限于篇幅本书只列出其中部分，详细数据可向作者索取。

从计算过程可知，该指标与我国对东道国的OFDI存量在东道国吸引外资总额中的比重成正比，与东道国的研发资本成正比，因此我们可以认为，该指标对我国技术进步的贡献应为正。

3. 东道国制度因素INS的量化

当前国际上对制度质量的量化指标主要包括世界银行的"全球治理指标"、世界经济论坛的《全球竞争力报告》以及OECD的"公共治理与管理项目"，但是这些指标均偏向对政府的公共管理效率的评价，并不能较全面地反映制度因素对OFDI逆向技术溢出效果的影响。因此本书将以上指标所衡量的政府效率作为本书的制度因素的指标之一，在此基础上进一步引入东道国知识产权保护强度、技术市场体制完善度以及对外开放度作为影响我国 OFDI 逆向技术溢出效果的东道国制度因素，并逐一进行量化检验。具体指标和数据来源如下：

（1）东道国政府效率指标。

东道国高效率的政府治理有助于外资在其国内的健康发展，从而增加学习消化吸收东道国先进技术的机会，因此东道国政府效率指标与我国 OFDI 逆向技术溢出的协同效应可以促进我国的技术进步。本书采用世界银行公布的"全球治理指标"中的"政府效率指标"（government effectiveness，简写为 GE）。于是（7.8）式可改写为：

$$\log TFP_{it} = C + \theta \log H_{it} + \gamma_1 \log SD_{it} + \gamma_2 \log SFI_{it} + \gamma_3 GE_{it} \times \log SFO_{it} + u_t$$

$$(7.9)$$

（2）东道国知识产权保护强度。

比较直观地理解，东道国严格的知识产权保护应该不利于我国 OFDI 从东道国获取先进技术，这也是很多进行国际技术外溢研究的学者的普遍观点。但是，再考虑东道国知识产权保护与我国 OFDI 的协同作用，结论则很可能不一样。东道国严格的知识产权保护尽管具有直接的技术溢出的抑制效应，但严格的知识产权保护会对我国的 OFDI 产生强烈的吸引力，从而通过促进我国的 OFDI 而增加东道国对我国的技术溢出。同时，东道国完善的知识产权保护可以促进我国 OFDI 的企业对东道国的技术知识投入，从而促进我国企业与东道国企业的技术交流。因此，该指标的效应很可能为正。本书的知识产权保护强度指标来自沃特 G. 帕克（Walter G. Park，2008）[①] 的研究成果，因沃特 G. 帕克的研究为每五年的平均值，因此本书对 2004 年及之前的数据采用 2000 年指标，2005 年及以后的数据采用 2005 年指标。定义该指标为 IPP，则可得（7.10）式：

① Juan C. Ginarte，Walter G. Park. Determinants of patent rights: A cross-national study [J]. Research Policy, 26 (1997): 283 – 301.

$$\log TFP_{it} = C + \theta \log H_{it} + \gamma_1 \log SD_{it} + \gamma_2 \log SFI_{it} + \gamma_3 IPP_{it} \times \log SFO_{it} + u_t$$

$$(7.10)$$

（3）东道国技术市场的完善程度。

东道国完善的技术市场体制，有助于我国 OFDI 的企业从东道国市场通过公开交易获取先进技术，从而顺利将东道国先进技术传递到我国国内。因此东道国技术市场完善程度应该对我国 OFDI 的逆向技术溢出具有促进作用。本书用东道国技术市场规模作为技术市场完善程度的代理变量，同时借鉴衡量金融市场规模的麦氏指数法，将该指标定义为东道国 t 时期知识产权与许可证交易费占 GDP 的比重，用 MARKET 表示，可得（7.11）式：

$$\log TFP_{it} = C + \theta \log H_{it} + \gamma_1 \log SD_{it} + \gamma_2 \log SFI_{it} + \gamma_3 MARKET_{it} \times \log SFO_{it} + u_t$$

$$(7.11)$$

该指标计算的原始数据来源于世界银行数据库。

（4）东道国对外开放度。

东道国较高程度的对外开放度会对我国 OFDI 有促进作用，但对外开放与技术外溢之间并不必然存在联系。我国改革开放之初的"以市场换技术"的对外开放政策就是一个很好的例证。可见东道国较高的开放度，可能正是为了弥补本国资金不足、技术落后的发展瓶颈，因此东道国较高的对外开放度对我国 OFDI 逆向技术溢出的效应并不确定。本书用东道国吸引外资占 GDP 的比重作为东道国对外开放度的代理指标。设为 OPEN，可得（7.12）式：

$$\log TFP_{it} = C + \theta \log H_{it} + \gamma_1 \log SD_{it} + \gamma_2 \log SFI_{it} + \gamma_3 OPEN_{it} \times \log SFO_{it} + u_t$$

$$(7.12)$$

4. 控制变量

本书人力资本存量数据引自李海峥等（2010）[①] 的研究成果，其中

① 李海峥等. 中国人力资本测度与指数构建 ［J］. 经济研究，2010（8）：42 - 54.

2008 年以后的数据根据李海峥等（2010）预测的增长速度加以估算。

国内研发资本投入的数据来自《中国统计年鉴》各期，并用固定资产投资指数折合成 2002 年价。但其中仅报告了各期的投资流量，并没有存量数据，因此本书借鉴格里利茨（Griliches，1992）的做法，以 2002 年作为基期，通过公式 $SD_{2002} = RD_{2002}/(\sigma + \zeta)$ 计算 2002 年的研发资本存量。其中 RD2002 表示 2002 年的研发资本投入，δ 表示折旧率，本书取 9.6%，ζ 表示 2002 年以后五年的平均投入增长率。此后各年的研发资本存量通过永续盘存法计算，折旧率仍取 9.6%。

通过外商直接投资获取的国际研发资本外溢存量指标 SFI_{it} 的计算采用与 SFO_{it} 相类似的方法，公式为 $SFI_{it} = \dfrac{FDI_{it}}{\sum OFDI_{it}} R\&D_{it}$，其中 FDI_{it} 为 i 国 t 时期对我国的直接投资存量，$OFDI_{it}$ 为 i 国 t 时期对外直接投资存量的总额。原始数据来自世界银行数据库以《中国统计年鉴》各期。

本书采用面板数据回归模型，所选样本包括 OECD 的主要国家，在剔除数据不全的国家后，剩余 25 个样本国家。同时我国对外直接投资的存量数据从 2003 年才开始，OECE 数据库报告的东道国研发资本数据截至 2009 年，所以本书的样本期为 2003 ~ 2009 年。本书实证检验应用的模型是前文中的（7.7）式和（7.9）~（7.12）式。

三、实 证 检 验 及 结 果 分 析

为了确定模型各变量之间的协整关系，本书选择 Kao 检验方法对数据序列进行协整检验。但协整关系要求数据序列必须是同阶平稳的，首先需要对以上数据序列进行单位根检验。本书采用 Levin，Lin & Chu[①] 检验方法进行单位根检验，检验结果见表 7 - 7。

---

① Levin A，Lin C&Chu JC. Unit Root Test in Panel Data：Asymptotic and Finite-sample Properties [J]. Journal of Econometrics，2008，108（1）：1 - 24.

表 7 - 7   各指标序列单位根检验结果

指标	TFP*	SFO*	GE	IPP	MARKET	OPEN	H*	SRD*	SFI*
t 统计量	-4.87	-3.19	-3.35	-3.07	-4.47	-3.91	-8.51	-27.01	-3.61
概率值	0.00	0.00	0.00	0.00	0.00	0.00	0.00	0.00	0.00

资料来源:作者计算整理。带 * 指标为对数序列。

表 7 - 7 中统计量及概率值均为水平检验结果,采用的软件为 Eviews6.0。从单位根检验结果来看可进一步进行协整检验。将 (7.7) 式 及 (7.9) ~ (7.12) 式涉及的指标输入 Eviews6.0 软件,选择 Kao 检验方 法,所得协整检验结果见表 7 - 8。

表 7 - 8   Kao 协整检验结果

检验对象	T 统计量	P 值	结论
模型 (4)	-20.69033	0.0000	存在协整关系
模型 (5.1)	-21.12603	0.0000	存在协整关系
模型 (5.2)	-19.76958	0.0000	存在协整关系
模型 (5.3)	-20.47753	0.0000	存在协整关系
模型 (5.4)	-23.68754	0.0000	存在协整关系

资料来源:作者计算整理。

可见所有模型均很好地通过了协整检验,可进行回归分析。经过 Hausman 检验,最终采用固定效应模型检验。回归结果见表 7 - 9。

表 7 - 9   实证检验结果

参数	模型 (4)	模型 (5.1)	模型 (5.2)	模型 (5.3)	模型 (5.4)
θ	0.363418***	0.363847***	0.36395***	0.371623***	0.371444***
γ_1	0.176410***	0.177691***	0.17611***	0.179315***	0.179144***
γ_2	-0.001734	-0.002656	-0.002352	-0.003278	-0.001636

参数	模型（4）	模型（5.1）	模型（5.2）	模型（5.3）	模型（5.4）
γ_3	0.002080 ***	0.001094 ***	0.000514 ***	0.000531 **	0.000599
调整的 R^2	0.995195	0.99514	0.99603	0.995828	0.994912
F 统计量	1288.06	1274.867	1308.078	1244.473	1216.101
D－W 值	1.45900	1.46188	1.474981	1.507848	1.467371

资料来源：作者计算整理。表中＊、＊＊、＊＊＊分别表示对应参数在10％、5％以及1％的水平下显著，否则为不显著。

从表7－9中的结果来看，所有模型的调整 R^2 均显示模型具有较好的拟合优度，从 F 统计量来看，所有模型也未引入多余变量，而从 D－W 值来看，各模型的序列也不存在明显的自相关现象。本书最为关心的参数为 γ_3，表中结果显示除（7.12）式外，所有模型的 γ_3 均显示较高的显著水平，对本书的理论假设有较好的解释力。具体分析如下：

（1）我国的 OFDI 具有显著的反向技术溢出效应。模型（4）的回归结果显示，指标 SFO 的回归结果显著为正，表明通过 OFDI 反向外溢到我国的国际研发资本对我国的技术创新有显著的促进作用。这一实证结果与本书第五章的结果明显不同，相比于本章前一节的实证结果也具有更强的显著性。这是因为，本节所选的样本国家为 OECD 国家，包括美国、日本以及欧洲发达国家，这些国家相对我国有更高的生产技术水平，对我国具有更强的逆向技术溢出。而其他模型的结论与模型（4）的结论也基本一致。这一结论与国内大部分学者的研究相一致（邹玉娟，2008 等[1]）。尽管从数值上来看，这一贡献并不大，这主要是因为我国的对外直接投资还处于起步阶段，数额还不大。同时，当前我国对外直接投资的技术获取目标还并不明确，主要的目标还停留在获取东道国的自然资源、利用东道国劳动力以及占领市场等方面（李猛等，

---

① 邹玉娟. 发展中国家对外直接投资、逆向技术转移与母国技术提升 [J]. 经济问题，2008（4）：105－108.

2010)。有理由相信，随着我国对外投资规模的扩大以及我国企业对外投资技术获取目标的明确，OFDI逆向技术溢出对我国技术创新的贡献会更加显著。

（2）东道国政府的公共治理效率有助于我国OFDI逆向技术溢出的获取。从（7.9）式的回归结果来看，γ_3显示了较高的显著水平，可以作为这一理论的实证证明。东道国高效的政府管理、为企业经营提供优质的基础设施以及较少的寻租活动均有助于我国企业在其国内投资的生存和发展，从而顺利实现与其国内企业之间的交流学习，增强对我国的逆向技术溢出。反之，东道国政府的腐败低效以及基础设施等的落后均会影响我国企业在其国内投资的发展，并阻碍互相之间的交流。

（3）东道国知识产权保护强度通过与我国OFDI的交互作用，可以促进我国OFDI逆向技术溢出的获取。（7.10）式的回归结果显示，知识产权保护强度与SFO的交互项的系数显著为正，可以证明这一结论。与政府效率指标相似，较强的知识产权保护通过两个渠道促进我国OF-DI的反向技术溢出，一是增加对我国企业向东道国投资的数量，二是促进我国OFDI企业与东道国企业之间的技术交流。

（4）东道国发达的技术市场可以促进我国OFDI的反向技术溢出。从（7.11）式显示的结果可知技术市场规模指标与SFO指标的交互项系数显著为正，可见东道国完善的技术市场体制，可以促进我国OFDI企业与东道国企业之间的技术交易，相对于技术外溢，通过技术市场的交易获取技术应该更为便利，从而能够对我国企业通过OFDI促进技术提升具有较强的促进作用。

（5）东道国的开放政策对我国OFDI反向技术溢出的贡献并不确定。（7.12）式的结果显示东道国对外开放度与SFO指标交互项的系数为正，但并不显著。东道国开放的外资政策显然会促进我国企业对其的OFDI，但东道国的开放目标显然不会是促进技术交流，而很可能是引进技术，因此开放的外资政策并一定利于我国OFDI的技术获取。

（6）我国技术创新的主要决定因素仍然应该是我国国内人力资本的

积累以及研发资本的增加。从表 7－5 的结果来看，所有模型的 H 和 SRD 指标系数均显著为正，而且从数值上也显著大于 γ_3，可见当前我国的自主创新能力培养应该以修"内功"为主。而且国内人力资本积累和研发投入的增加可以有效提高我国利用国际技术外溢的"吸收能力"（阚大学，2010）。

同时，从回归结果来看，SFI 指标对我国技术进步的贡献为负，同时所有模型的该指标均不显著，这至少可以说明 FDI 对我国自主创新能力的形成没有直接的贡献，这与陈国宏等（2008）的研究结论一致。所以本书的模型并不能够用于检验 FDI 对我国的技术溢出。可见，FDI 对我国技术进步的作用绝不是简单的数量关系，而很可能受到我国的"吸收能力"的影响（赖明勇等，2005）。这并非本书的研究重点，在此不展开论述。

第三节　实证研究结果的政策启示

一、我国对外直接投资存在逆向技术溢出效应

我国的 OFDI 具有显著的反向技术溢出效应，加大对外直接投资力度，通过"走出去"战略实现我国技术水平的提升是合理的选择，也是目前我国发展阶段的最经济选择。通过"走出去"战略不仅可以提高我国经济增长的速度，更可以通过促进我国自主创新能力的提升来提高我国经济发展的质量。应该明确对外直接投资与技术创新之间的政策联系。当前我国企业进行外向投资的主要目标仍然以获取自然资源、占领东道国市场以及规模化生产等目标为主，这不仅限制了我国对外直接投资规模的扩张，更重要的是限制了我国 OFDI 的技术获取功能的实现。反向技术溢出的存在为我国企业通过外向投资获取国际先进技术，从而

提高自身自主创新能力提供了理论支持。我国应在政策上鼓励企业的技术获取型外向投资。

二、注重东道国人力资本研发投入指标

东道国研发投入、人力资本水平的数量对我国获取反向技术溢出的多少具有显著的正向影响。因此，我国决策机构与企业在选择对外投资时，应该选择研发投入多、人力资本充裕，重视技术创新的国家作为合作对象。

三、注重东道国制度环境的考察

在技术获取型投资的目标区域选择上，企业应注意差别化选择。本书的实证研究表明，东道国制度因素的差异会对我国企业 OFDI 逆向技术溢出的效果产生显著影响。就本书研究来看，我国技术获取型 OFDI 应选择公共治理效率高、知识产权保护强度高以及技术市场体制完善的国家或区域，这些区域的投资可以获得更多的逆向技术溢出，从而更有利于我国自主创新能力的形成。而相反的，公共治理效率低、不注重知识产权保护以及技术市场机制不健全的国家或区域应该被我国企业的 OFDI 规避。

四、技术获取型 OFDI 在选择国别区域时不能简单依据东道国的开放态度

东道国对外开放水平对我国获取逆向技术溢出也存在正向影响，当然这种正向影响在本书的研究中并不显著。因此，本书认为在选择 OF-DI 东道国时，不能只看东道国的外资政策，应综合考虑对方的宏、微观经济政策。东道国严格的技术管制、苛刻的知识产权保护制度以及严格

的产业限制等都有可能使得我国获取的逆向技术溢出被弱化。本书的实证结果已经证明，东道国的开放政策只能表明对方对外资的欢迎，而不能成为我国 OFDI 可以成功获取先进技术的依据。我国企业在进行外向投资区域选择时仍然应该注重前文所述的指标。

当然，基于东道国角度考虑，可能影响我国 OFDI 逆向技术溢出效果的因素绝不仅限于本书研究的指标，即使基于制度因素的考察，也会有很多其他因素会对我国 OFDI 的逆向技术溢出产生影响。限于篇幅，本书仅选择其中部分加以研究，进一步的深入研究有待作者和同行学者的继续努力。

第八章

结论、建议与进一步的研究方向

通过一个简单的理论模型，本书对对外直接投资逆向技术溢出促进国内技术进步的机制进行了尝试性的研究，为我国通过开展对外直接投资接近和获取国际先进技术提供了理论依据，进一步对国际经验的研究也支持这一理论上的结论。在此理论基础上，对我国的对外直接投资的逆向技术溢出的考察则没有得到与国际经验相一致的结论，这是因为我国在技术吸收能力、产业选择以及区位选择上仍然存在不足。本章将对本书之前的研究进行归纳总结，提炼出本书所得的主要结论，在此基础上为我国进一步完善"走出去"战略，更好地利用对外直接投资接近与获取国际先进技术，促进我国经济健康持续发展提供政策建议。同时，本书的研究仅是对这一问题的试探性研究，在今后的研究中还有很多值得进一步挖掘的方向，本章在此指出了今后进一步研究的方向。

第一节　本书的主要结论

本书的主要目的是分析我国对外直接投资逆向技术溢出的现状，并为我国充分利用对外直接投资这种国际技术外溢的渠道接近和获取国际先进技术提供有益的启示，在具体分析中采取的是先一般再特殊的研究思路，因此本书首先通过一个简单的模型推导得到逆向技术溢出发生作用的理论机制，进而利用国际数据的实证考察，对对外直接投资反向技术溢出的普遍规律进行了分析。在此基础上，本书利用我国的实证数据，对我国对外直接投资逆向技术溢出的现状进行了试探性的考察，得到以下几点基本结论：

一、OFDI 逆向技术溢出是母国技术进步的源泉之一

内生增长理论认为在封闭条件下，一国的技术进步是本国人力资本、研发投入的函数，本书借鉴赖明勇等（2005）的做法，将开放条件和对外直接投资作为一种国际技术外溢的渠道考虑进内生增长模型中，经过均衡分析发现，对外直接投资逆向技术溢出也是促进母国技术进步的一个重要因素。同时，与利用外商直接投资以及通过对外贸易获取的国际技术外溢相比，对外直接投资逆向技术溢出更具有主动性。在当前的世界经济条件下，一般来说，西方发达国家与发展中国家之间的贸易合作或者投资合作均是出于本国跨国公司的利益需要。较为普遍的，出于经济利益的考虑，发达国家较少将自身具有的新技术通过贸易或者对发展中国家的投资传递到发展中国家，这就使得包括中国在内的发展中国家通过贸易和吸引外资所接触的新技术具有"滞后性"，也只能被动地接受发达国家跨国公司的安排。然而对外直接投资更加具有主动性，发展中国家在开展对外直接投资活动时，在行业选择和目标区位的选择上都更加具有主动性。因此理论上来看，对外直接投资逆向技术溢出是比国际贸易和吸引外资更加有效的接受国际技术外溢的手段。

二、OFDI 逆向技术溢出受多重因素的影响

本书第四章的理论研究已经得出结论，对外直接投资逆向技术溢出受

母国技术吸收能力、母国与东道国的技术差距以及东道国区位特征的影响。母国是否能够通过对外直接投资促进本国技术进步，首先，需要看母国是否具备一定的技术吸收能力。一般来说，技术吸收能力强的国家，在同等条件下可以更好地获取逆向技术溢出；其次，要看母国是否选择了与本国技术差距合理的东道国。较为普遍的观点认为，向技术比本国先进的国家进行投资，东道国与本国的技术差距越大，本国越可能获得逆向技术溢出；在选择对外直接投资的东道国时，要注意本国的投资目标，与其他目标相区别，技术获取型对外投资只有投向注重人力资本积累、研发投入以及制度健全的国家，才能获得较好的逆向技术溢出效果。

三、OFDI 逆 向 技 术 溢 出 具 有 "门 槛 效 应"

逆向技术溢出的发生并不是必然的，本书通过技术吸收能力以及技术差距的非线性回归结果发现，母国对外直接投资促进母国技术进步的效应具有 "U" 形的特征。即在母国对外直接投资规模不变的条件下，随着本国人力资本、研发投入、金融发展、技术基础设施投入的增长，逆向技术溢出会经历一个先下降后上升的过程，其中会有一个对反向技术溢出发生作用的 "门槛值"，只有母国技术吸收能力达到以及超过这个门槛值，逆向技术溢出才能发生作用。这就需要母国在开展技术获取型对外直接投资时，注意本国技术吸收能力与对外直接投资之间的协同发展，在开展技术获取型对外直接投资时，加强本国技术吸收能力的积累。同时，母国与东道国之间的技术差距也并非越大越好，越大的技术差距，对母国的技术吸收能力要求也越高。如果不注重本国技术吸收能力积累，而一味地单一通过 "走出去" 来发展外向型经济，很可能落入 "后发陷阱"。

四、逆 向 技 术 溢 出 在 我 国 具 有 发 生 的 可 能 性

前述结论均是建立在理论模型推导以及国际经验的研究基础之上，

对我国也许并不适用。利用我国省际面板数据进行实证研究，本书发现尽管总体上来看，我国对外直接投资并没有显示出显著的逆向技术溢出效应，但在分区域的研究中，本书发现了我国对外直接投资存在反向技术溢出促进我国技术进步的显著证据。实证研究表明，我国东部地区的对外直接投资对地区技术进步具有显著的促进作用。这表明，我国对外直接投资除了可以获取国际市场、搜寻资源以及规避贸易壁垒以外，也可以促进我国的技术进步。这就为我国的"走出去"战略提供了一个新的理论依据，也为我国的技术进步和创新型经济发展提供了新的思路。

五、我国尚没有全面具备吸收逆向技术溢出的条件

尽管通过分区域的实证分析，本书找到了我国可以获取逆向技术溢出的实证证据，但逆向技术溢出促进我国技术进步的效应并没有在整体上在我国显示出来。实证结果显示，当前我国技术进步的主要动力仍然是研发投入。这表明我国逆向技术溢出的吸收能力仍然有待加强。实证结果表明，我国除对外开放度指标外，其他技术吸收能力包括人力资本投入、研发强度、技术基础设施以及金融发展等均未显示出对逆向技术溢出的有效促进，本书对这些指标的国际比较也发现，在这些方面我国与可以获取显著逆向技术溢出的西方国家之间存在显著差异。同时，我国逆向技术溢出未能显著促进国内技术进步的原因还可能是我国对外投资的产业结构、目标区位选择等不合理造成的。我国当前的对外直接投资主要投向了商务服务业、采矿业等低技术行业，这些行业是难以接近和获取国际先进技术的；而在区位选择上，我国的对外直接投资当前主要的东道国为非洲和亚洲，而这些区域是难以为我国提供好的技术外溢的机会的。

六、不同东道国对我国产生不同的逆向技术溢出

本书的一个重要创新是将逆向技术溢出的影响因素由母国视角延伸

到东道国视角。通过选择东道国人力资本、研发投入以及知识产权保护、技术市场规模、政府效率、对外开放度等指标衡量的东道国制度环境指标进行实证考察发现，东道国人力资本存量、研发投入对我国OFDI逆向技术溢出具有促进作用，东道国制度环境中，完善的知识产权保护、高效率的技术市场环境以及政府效率对我国对其的直接投资逆向技术溢出具有促进作用，而东道国对外开放度对我国的逆向技术溢出并没有产生设想的促进作用。这一结论告诉我们，作为以技术获取为目的的对外投资的决策中，不仅要考虑所选择的产业，也要考虑东道国的人力资本、研发投入以及制度因素。

第二节 我国利用逆向技术溢出的政策建议

一、政府明确对技术获取型的对外投资的政策支持

（一）出台全面的对外直接投资促进政策

对不同动机类型的对外直接投资采取差别政策。一般来说，我国已经具有比较优势的产业走出去进行直接投资是企业获利动机驱使的，不需要进行政策鼓励；而技术获取型对外直接投资则是逆比较优势的策略性行为，只有少数具有长远眼光的企业会主动采取，大部分企业的策略性行为需要外界的刺激，而有效的政策鼓励是促使企业进行该种类型开展对外直接投资的有效外部力量。政策支持应当包括信贷支持、财政资助等。

（二）为技术获取型对外直接投资营造良好的外部环境

一般来说，技术先进国在引进外资政策中都会限制外资接近本国的先进技术，这就需要我国政府在国际经济关系中做好协调。通过与东道国的双边以及多边投资协议签订，为我国企业在东道国开展投资活动营

造良好的外部环境。

（三）通过政府驻外机构以及行业协会为企业对外直接投资提供信息支持

当前的技术进步日新月异，企业是否能够有效通过对外投资接近和获取国际先进技术非常重要的一环是对新技术的信息搜索，政府通过驻外机构以及行业协会为企业开展惯例性的技术信息搜索工作可以有效降低企业信息搜寻成本，提高技术获取的效率。

（四）为技术获取型境外投资所生产产品的进口减免进口关税

技术获取型对外投资设立的境外企业所生产的产品进口到国内，可以促进国内技术进步，尤其是这些进口产品作为中间产品投入到国内生产时。对这些产品的进口减免关税可以降低对外直接投资提高本企业乃至其他企业国内生产提高技术的成本。

二、合理选择对外直接投资的产业梯队

（一）产业选择基准由优势发挥向优势获取转变

我国对外直接投资的产业选择仍然是被动地基于现有比较优势基准，而忽略了对外直接投资对产业升级的动态效应。我国应基于产业升级视角，动态的选择对外直接投资产业梯队，在基于比较优势进行边际产业转移的同时，应增加优势寻求型的产业比重，通过增加具有较强连锁能力的产业对外投资促进我国产业结构升级，获取动态比较优势。

（二）强化对外投资产业的连锁效应

赵春明、何艳（2002）认为，我国对外投资产业中缺乏连锁反应的产业比重过大。连锁反应是指该产业对国民经济中其他产业的技术贡献度。我国当前对外投资比重最大的产业对国民经济的主要贡献是直接的利益回报，而对其他产业的技术进步贡献甚至对本产业的技术进步贡献并不显著，在今后的对外投资中应鼓励制造业、科学研究与技术服务以及信息技术等具有更强连锁反应的产业比重。

（三） 优化制造业对外投资的内部结构

制造业与其他产业相比，内涵更加广泛，结构更为丰富，制造业内部结构也存在着显著的连锁效应差异。因此在制造业的"走出去"活动中，要注重内部结构的优化。当前我国制造业中食品饮料制造已具备大规模生产的优势，纺织服装、玩具制造业的优势也正在形成，而在仪器仪表、机器设备、汽车机械等方面仍缺乏相应的技术优势，我们在基于比较优势促进前两者对外投资的同时，应鼓励第三者开展技术获取型的对外投资，以利用国际先进技术优化我国制造业的内部结构。

三、 合理选择对外直接投资进入的模式

对外直接投资较为常见的模式包括绿地投资和跨国并购两种[①]，这两种对外直接投资实际上是常见的股权安排投资，除此之外，还包括不太常被利用的非股权安排对外投资。巫强（2006）[②] 指出非股权安排对外直接投资包括合作经营、许可证交易、特许经营、战略联盟等多种形式。其中股权安排对企业的资金实力和现有优势要求比较高，并不适合我国绝大部分企业，我国企业应该更多地选择非股权安排的对外直接投资。

（一） 鼓励有实力的企业开展股权安排的对外直接投资

绿地投资与跨国并购对企业实力要求较高，但这两种模式的对外直接投资可以直接使用技术先进国家或地区的人力资本和研发资源，无疑是接近国际先进技术的最有效途径。当前我国已有很多通过绿地投资和跨国并购实现技术飞跃的成功案例，如海尔集团在美国设立的工厂和研发中心，联想集团收购 IBM 个人电脑业务等。这些企业一方面利用东道国的人力资本和研发资源提升了本企业的技术水平，另一方面他们在东道国生产的高质量产品返销到国内也促进国内同行提升技术水平增强竞

---

① 李毅. 为实现整合优势而对外投资 [J]. 南方经济，2000（7）：55-58.
② 巫强. 我国企业对外直接投资新方式探析 [J]. 对外经贸实务，2006（8）：37-41.

争力，从而促进了整个产业的技术提升。同时，对外投资企业在国外生产的产品作为中间产品进口到我国进入我国的生产环节，也可以提高我国最终产品的技术水平，从而实现对外投资对我国其他产业技术提升的连锁效应。

（二）实力较弱的企业可选择非股权安排的对外直接投资

非股权安排的对外直接投资具有资金规模要求小、投资回收相对较快的特点，这正适合我国广大实力较弱的中小企业。通过非股权对外直接投资，尽管不能迅速拥有国际先进技术，也难以直接利用东道国人力资本和研发资源，但可以在地理位置上接近国际先进技术，获取其技术外溢。我国也已经有很多企业开展这种对外直接投资并获得较好的收益。如我国的奇瑞汽车采取委托开发的形式，委托奥地利、意大利、德国等国家的研发团队为其研发新车型和发动机装置，奇瑞汽车派出研发人员参与其中，在获取国际先进技术的同时，节省了有限的研发资源。这种做法值得国内企业学习。

（三）积极探索对外直接投资的新模式

传统的股权和非股权投资安排都强调我国对东道国的单方向投资，而我国完全可以与有技术优势的跨国公司合作在第三国开展投资活动，这样既发掘了第三国市场，也接近了跨国公司的先进技术，同时还获得了投资收益（徐向龙，2010①）。这种"合作第三国投资"为我国开展对外投资获取先进技术提供了一个新的思路，我们完全可以与跨国公司开展更为广泛的国际合作，而无需限制合作的地理位置。我国上汽集团与美国通用汽车的合作就是一个成功案例。上汽集团于2009年与美国通用汽车宣布各出资50%在香港地区设立上汽香港投资有限公司，并合作到印度市场开展直接投资活动。这一新兴的合作方式利用上汽的资金、通用的技术共同占领了印度汽车市场，获得了意想不到的效果。

---

① 徐向龙. 发展中国家对外直接投资新模式：合作第三国直接投资研究［J］. 学术研究，2010（7）：66－73.

四、增强我国技术吸收能力

（一）强化人力资本的积累

1. 增加教育经费的投入

从前文分析中我们很容易看出，我国教育经费投入相对并不充分，这严重阻碍了我国人力资本的积累和形成。应首先从教育经费投入开始强化人力资本的积累。首先，政府应增加公共教育经费投入，对基础教育、职业技术教育以及高等教育均增加公共投入；其次，应鼓励地方政府对地方教育增加投入，转变传统的地方经济发展竞赛，转向人力资本投入竞赛；最后，鼓励私人、企业的教育投入，吸引民间资本进入教育产业，以增加教育经费。

2. 提高人力资本回报

与其他资本投入相比较，人力资本投资具有投资回报周期长、外部性强的特点，因此如果没有很好的回报作为激励，国民对人力资本的自主投资积极性并不会太高。我国历史上多次出现的"读书无用"论就是很好的借鉴。要国民提高自主积累人力资本的积极性，就必须提高人力资本的回报。政府可增加对专业技术人员的财政补贴，通过立法形式保证人力资本的回报；将高技术企业的人力资本报酬作为是否享受政府财政补贴的一项指标；为高学历、高技能人才在人力资本的形成阶段提供生活保障。

3. 鼓励企业对人力资本的再投资

我国企业一个较为普遍的问题是重视"用人"，而不重视"塑人"，即企业都希望直接招聘具有较高专业技术能力的人员为本企业所用，而容易忽视对现有人员的再投资。很多企业愿意花重金挖别的企业的墙角，而不愿意对自己的人员进行培训提高，这往往是不经济的行为。我们应该鼓励企业对自有人员的再投资，通过加强对内部人员的培训提高实现企业内部人力资本的积累。

（二）提高研发强度

研发强度对技术进步的作用与人力资本相似，只有研发强度越过"门槛值"，我国才能有效地吸收反向外溢的国际新技术。然而经过简单的国际比较发现，我国的研发强度并没有强到足够支持我国的技术吸收。

1. 政府加强对研究开发的投入

以研发投入占 GDP 的比重这一指标显示我国政府的公共研发投入严重不足，应加强政府的公共研发投入。另外，对企业的研发活动应增加资助和税收减免。

2. 行业协会应做好协调工作

日本企业的研究开发活动的一个成功经验是行业协会在协调企业的研发活动中起着格外重要的作用。在重大科研项目的攻关中，日本企业能够做好协调互助，其中行业协会起着不可忽视的作用。我国相关部门可以学习这种经验，通过产业的协调促进企业在研究开发上的互相协作，以充分利用现有的研发资源。

3. 企业应转变观念，重视研究开发活动

我国企业的一个普遍问题是重视技术引进，而轻视技术的消化吸收。根据本书的分析，企业在获取新技术后，如果没有良好的研发活动支持，是无法对新技术进行良好的消化吸收的，新技术也不能为企业所充分利用。因此企业应转变传统观念，在重视技术引进的同时，积极开展研究开发活动，使得新技术能够迅速融入本企业的日常生产中。

（三）增强对外投资的金融支持

金融发展对逆向技术溢出吸收能力绝不仅限于为其提供资金支持，更为重要的作用体现在这样几个方面：第一，良好的金融支持可以降低技术获取型对外直接投资的资金门槛，使得因资金问题而无法开展的技术寻求型对外投资得以实施；第二，良好的金融支持可以为技术寻求型对外直接投资分散风险，通过金融机制实现技术寻求的风险分担；第三，技术获取型对外投资往往回报周期长，良好的金融支持可以为其缩短周期。因此，应该通过金融机制的发展促进对外直接投资逆向技术溢出的形成。而我国当前金融机构、金融市场以及金融工具的现状显然并不符合良好的技术吸收的需要（陈刚、李树，2009[①]）。

1. 通过金融机构为技术获取型对外投资提供资金支持

我国具有较强的技术需求的企业往往是中小企业，国有大型企业对外投资的动机往往是利用其现有优势寻找国外市场和资源，而优势相对较弱的中小企业具有更强烈的动机通过对外投资接近和获取国际先进技术，而这部分企业往往在资金上也较为匮乏。通过金融机构为他们提供金融支持可以增强他们开展对外投资的能力，避免其因资金短缺而导致的"起步难"。

2. 通过金融工具创新为跨国技术获取分散风险

技术获取型对外投资的获益并不是稳定的，甚至存在较强的风险性，这也是很多企业不愿意主动开展此种类型对外投资的重要原因，通过金融工具的使用可以分散这种风险。单个企业的技术获取型对外投资所需资金规模大，收益不确定，但可通过金融市场发行债券等金融工具，募集所需的大规模资金的同时，不确定的收益也可以得到分散。同时，通过金融市场发散的信息也可以为这种对外投资决策作佐证，在金融市场不能得到较好认可的对外投资往往是风险过大，获收益不足的，企业应避免这种决策。

3. 为技术获取型对外投资的长周期提供金融支持

与新技术的研发相类似，通过对外投资获取国际新技术也需要经历较长的时间周期，而且对外投资所获取的新技术大部分情况下都是在外围对技术的接触，需要经过较长时间的消化吸收再创新才能够将其转化为适合于国内市场的生产技术，这对企业的资金会形成较长周期的占用，如果没有较好的资金支持，很多企业会放弃这种做法。良好的金融市场可以为企业提供较长周期的资金支持，担负长周期的资金占用。

---

① 陈刚，李树. 金融发展与增长源泉：要素积累、技术进步与效率改善 [J]. 南方经济，2009（5）：24-39.

（四）加强技术基础设施建设

本书在实证研究部分采用的技术基础设施指标是每百人网民数，实际上这只是技术基础设施中的一个指标，我们可以定义该指标为硬件指标，而根据维瑟尔和和伯恩鲍姆（Weiss & Birnbuam，1989）[①] 在研究企业技术战略时对技术基础设施的定义——技术生产者和使用者之间的关系网络，可以发现技术基础设施不仅仅指本书所列的硬件指标，还包括内涵更为广泛的软件指标，包括技术研发的制度、文化以及知识产权保护等（Justman & Teubal，1995[②]），因此对技术基础设施的强化应该通过硬件和软件两个方面开展。

1. 进一步加强硬件投入

硬件方面加强信息技术基础设施的建设，降低企业获取信息和利用信息的成本，增加对高等院校、科研院所等研究机构的科研投入，完善其科研条件，更为重要的是软件条件的完善。

2. 进一步完善鼓励技术创新政策体系

当前我国已经出台并实施了相关的鼓励技术创新的政策，这在促进我国企业技术进步，提升整体技术水平上产生了较好的促进作用，但在具体实施中仍然有很多值得改进的地方。我国当前的技术进步鼓励政策执行仍然不够细致，存在很多企业通过特定手段骗取国家补助的现象，而导致国家的补助不能为真正需要的企业所用，应通过细化立法和制度建设避免这种现象。另外我国技术创新政策中也存在明显的重引进轻消化吸收的现象，对企业开展的消化吸收新技术的活动也应当采取鼓励制度。

3. 强化知识产权保护

在经济发展的特定阶段，较弱的知识产权保护有助于本国利用技术

[①]　Andrew R Weiss，PhilipH Birnbaum. Technological Infrastructure and the Implementation of Technological Strategies［J］. ManagementScience，1989，（35）：1014－1026.

[②]　M Justman，M Teuba. l Technological Infrastructure Policy（TIP）：CreatingCapabilities and BuildingMarket［J］. Research Policy，1995，（24）：259－281.

外溢提升技术水平（易先忠、张亚斌、刘智勇，2007①）。随着技术水平的提升，较弱的知识产权保护程度会削减创新企业的创新积极性，同样，首先开展技术获取型对外投资的企业的积极性也会被削弱，我国应该通过合理的知识产权保护手段，使得开展技术获取对外投资的企业的技术得到有效保护，获取其合理的回报，这样才能鼓励技术获取的对外投资，实现技术进步的持续进行。

五、合理选择我国 OFDI 的目标区位

（一）选择合理的技术差距

本书的研究结论显示，在其他因素不变时，东道国与我国技术差距对技术进步的贡献为非线性关系，过大或过小的技术差距对母国的逆向技术溢出均不显著，同时，在技术差距较大时需要较强的技术吸收能力作为支撑。这就要求我国在当前的技术吸收能力条件下，应该选择与我国存在显著技术差距的投资目标国，在积聚起较强的技术吸收能力后将对外投资的方向转向技术差距更大的国家。

同时，我们还需要注意，本书的计算指标依据的是总体劳动生产率差异，在具体产业甚至具体产品的生产上，还需要考虑本产业或产品的技术差距，不同产业的企业在选择对外投资的目标区位时，应根据东道国在不同产业和不同产品上与本国的劳动生产率的差异做决策。

（二）注重东道国（地区）人力资本与研发投入

我国与主要东道国（地区）之间的人力资本差距和研发强度差距并不大。其中新加坡的人力资本投入强度以及中国香港、南非和俄罗斯联邦的研发强度比我国还弱，但这些国家和地区却是我国的主要对外投资东道国，而注重人力资本积累和研发投入的美国、德国、英国等发达国

---

① 易先忠，张亚斌，刘智勇. 自主创新、国外模仿与后发国知识产权保护 [J]. 世界经济，2007（3）：31 - 40.

家却不是我国对外投资的首选地。因此为了获取较强的逆向技术溢出，应选择更加注重人力资本积累和研发投入的国家。

（三）考察东道国制度环境

1. 选择技术市场机制完善的东道国

技术市场体制是一国先进技术得以流通和获得合理回报的有效机制，只有具有完善的技术市场机制，先进技术在该国才能得到广泛认可并获得回报，从而鼓励技术所有者进行新技术的开发和交易，也才能够促进技术的扩散，反之技术在该国的产生和扩散则较慢。从前文分析中可以看出，技术市场最为完善的国家是瑞士和爱尔兰，但这两个国家均不在我国主要的投资目标国之列，可见我国对外投资的东道国选择并未考虑东道国技术市场机制因素。企业在今后的目标区位选择中应加入该因素的考虑，选择包括瑞典、爱尔兰等技术市场机制较为完备的国家。

2. 选择知识产权保护更为严格的东道国

严格的知识产权保护可以减少企业开展技术创新的外部性，促进企业开展技术创新活动和技术交流活动。较为权威的知识产权保护指标是沃特·G. 帕克（2008）根据各国的知识产权立法、执法等进行编制的，该指数越接近5，则表明该国知识产权保护越为严格，反之，则知识产权保护较弱。当前全球主要发达国家的知识产权保护程度均较高，但结合前一章的分析可以发现，我国企业并未选择知识产权保护严格的国家作为主要投资目的国。在今后的区位选择中应鼓励企业选择知识产权保护强度接近5的国家。

3. 选择政府治理效率高的东道国

世界银行公布的《全球治理指标》是较为权威的政府效率定量分析指标，该指标包括话语权和责任、政治稳定性和不存在暴力/恐怖主义、政府效率、规管质量、法治、腐败控制六个指标，本书选择较为常用的政府效率作为研究的参考。该指标介于 -2.5~2.5，大于0表明治理效率较好，反之则较差。以该指标衡量，政府治理效率较高的国家包括瑞典、加拿大、澳大利亚、新西兰等，而上述国家只有澳大利亚和加拿大进入我国对外投资前十位，且所占比例很小。在今后的东道国选择中应改变现状。

4. 不要一味接受东道国的开放态度

根据前文的研究，我们发现东道国对吸引外资的鼓励政策与该国的技术水平之间并不存在正的相关性，在一些国家甚至出现负相关的现象。这是因为越是技术落后的国家更有可能通过吸引外资来弥补本国在技术、资金等方面的比较劣势。我国就曾经历类似阶段。因此我国在选择对外投资东道国时，不应看重东道国的外资开放政策，而更应该考虑东道国对技术、信息等的开放态度。

（四）其他

从东道国的角度，可能对我国对其直接投资逆向技术溢出产生影响的因素还有很多，限于篇幅，本书实证研究部分并未能够逐一详述。一般来说，我国与东道国较为接近的地理距离、较为相似的文化背景、更多的双边合作协议等，均可能对我国对其直接投资的逆向技术溢出产生促进作用。这部分内容均应该成为我国企业开展对外直接投资目标区位选择时的选择依据。

六、"走出去"与"引进来"的协同发展

（一）通过"引进来"为"走出去"积聚实力

当前我国已经是世界最具吸引力的国际直接投资目的国，我国利用外资总量已居于世界第一位，这使得中国成为"工厂"，形成了我国当前巨大的生产能力，但并没有促成我国的"创造能力"，究其原因是因为我国利用的外资主要看重的是我国的劳动力资源优势，而对我国在技术、研发以及人力资本资源的形成中并没有产生足够作用。根据我国《对外直接投资统计公报2011》的统计，我国目前对外投资较多的是商业、金融业、采矿业，而利用外资较多的制造业并不是主要的对外投资

行业，可见外资的利用对我国当前的对外投资能力形成并没有起到应有的作用。因此，要为"走出去"获取世界先进技术积聚实力，首先要做的是提高利用外资的效率。提高外资利用效率的政策包括：采取差别化的外资利用政策，鼓励外资流向科学研究、高端制造业等我国不具优势的产业；严格外资项目审批手续，对我国具有优势的产业的外资项目可减少利用；鼓励跨国公司在我国设立合资合作的研究开发机构，在研究开发领域鼓励其与我国企业合作。

（二）与"引进来"的企业的合作也可跨境

当前我国"引进来"的主要形式是单方面地将跨国公司的资金引入境内，在境内设立独资或者合资企业，而"走出去"的主要形式则是我国企业单方面地到境外在东道国（地区）设立分支机构或者并购当地企业，而在境外与跨国公司的合作并不多。上汽集团与通用企业在印度、中国香港等地的合作形式还并不普遍。而实际上，我国企业在境外与跨国公司在世界范围内合作可以为我国企业接触世界先进技术、学习先进管理经验提供很好的渠道。在这方面日本企业的做法很值得学习，日本丰田汽车就较早与美国通用汽车合作，在美国设立工厂生产汽车，将各自的技术优势发挥出来，实现了资源的优势互补，同时丰田汽车自身提高了技术水平。我国企业与跨国公司的合作也不应局限于我国境内，应该更多地在世界范围内加强与跨国公司的合作，发挥自身优势的同时，主动获取先进技术和管理经验。

（三）向"引进来"的跨国公司学习"走出去"的经验

我国的利用外资活动对我国来说是"引进来"，但对跨国公司母国来说其实是和我们一样的"走出去"。跨国公司在寻求与我国企业、政府和地方的合作中，所面临的是与其本土截然不同的文化、制度和法律，这些在我国企业的"走出去"过程中同样会遇到，但正是我国企业的后行一步，使得我国企业可以有现成的经验可以学习，我国企业在"走出去"之前完全应该先向其他跨国公司学习。同时，其他国家在本国跨国公司走出国门获取全球资源时所采取的政策、法律等也应该成为我国政府学习的目标。

七、丰富对外直接投资的主体类型

首先，应当明确对外直接投资的主体是企业。我国当前对外直接投资中政府政策主导比重过大，企业自主决策的对外投资比重不足。政府政策的趋势往往体现的是宏观经济发展需要，但企业的活动大部分情况下并不与宏观经济发展要求相一致。企业的独立决策更能够体现企业本身发展的实际需要，在激烈的市场竞争中，企业基于自身发展需要开展的对外投资活动才更符合自身长远发展需要，政府在其中应该扮演的角色是服务功能。

其次，鼓励民营企业和股份制企业开展对外投资活动。据《2010 年度对外直接投资统计公报》数据显示，2010 年年末，在中国对外直接投资存量中，国有企业占 66.2%；有限责任公司占 23.6；股份有限公司占 6.1%；股份合作企业占 1.1%；私营企业占 1.5%；集体企业占 0.2%。可见，我国对外直接投资主体中国有企业占比过高，而民营企业和股份制企业所占比重基本可以忽略不计。而实际上国有企业的对外投资往往是依靠其强有力的资金和规模优势在国际上追逐资源和市场，民营企业的对外投资则有较强的技术获取动机，增加民营企业的对外投资可以有效增强我国对外直接投资的技术获取动机，强化逆向技术溢出。

第三节　进一步的研究方向

本书的研究只是对该课题的一个尝试性研究，对外直接投资的逆向技术溢出课题还有很多值得进一步挖掘的内容，在本书研究基础之上，作者在今后的学术研究计划中将包括以下课题：

一、逆向技术溢出的微观实现机制

本书的理论模型采用的是内生增长模型，这一模型的运用可以找到逆向技术溢出的存在证据，也能找到逆向技术溢出的影响因素，但不能充分揭示逆向技术溢出促进母国技术进步的微观机制。当前学术界对逆向技术溢出微观机制的研究主要是通过列举法，如赵伟、古广东、何元庆（2006）对我国对外直接投资逆向技术溢出的微观机制作了列举式的分析。但是这种"列举式"的分析方法并没有将逆向技术溢出的所有路径放到一个分析框架中，很难穷尽所有逆向技术溢出的路径。下一步的研究可通过微观经济学的理论模型将逆向技术溢出的所有路径考虑进去，分析其微观机制。

二、逆向技术溢出的产业关联效应

王然等（2010）[①]利用我国的投入产出表以及吸引外资的相关数据对我国利用外资的产业关联效应进行了研究，发现我国利用外资产生了显著的后向关联效应，而前向关联效应并不明显，在此基础上提出了我国进一步改善利用外资结构的建议。对外直接投资逆向技术溢出也存在同样的前后向关联效应，从"走出去"的目标来看，我们应该利用对外投资实现前后向关联的均衡发展，通过部分企业的"走出去"实现产业结构升级和国民经济的均衡发展。但是因为数据可得性差，本书在这个问题的分析上并未涉及，在今后的研究中可以进一步努力。

---

① 王然，燕波，邓根伟. FDI 对我国工业自主创新能力的影响及机制——基于产业关联的视角 [J]. 中国工业经济，2010 (11)：16 – 25.

三、中国技术获取型 OFDI 的海外生存机制

根据富奥斯福瑞和门特（Fosfuri & Motta，1999）[1] 的理论模型，技术获取型对外直接投资可以通过在地理位置上接近国际先进技术，获取"技术外溢利益"，这种利益与直接的"对外投资收益"共同成为跨国公司追逐的利益。尽管从总体来看，很多跨国公司并没有通过技术寻求型对外投资获取"对外投资收益"，但可以获取"技术外溢收益"，这一收益可以让跨国公司在其母国境内增强竞争力，获取市场份额。中国的跨国公司同样也可以采取相同的策略，通过对外直接投资获取逆向技术溢出利益。但是深入分析可以发现，这种获益对东道国与母国来说并非互利的，整体上这一活动的主要收益方是技术寻求方。因此当前全球范围内的"逆向直接投资"并不会得到很好的生存土壤，因此中国企业"走出去"应该认真思考其自身的生存机制。这种生存机制应该包括政府政策支持、"走出去"企业的协作以及企业自身的海外经营技巧等。这将是一个非常值得研究的课题。

---

① Fosfuri, A., Motta, M., 1999, MultinationalsWithout Advantages, Scandinavian Journal of Economics 101 (4), 617–630.

参 考 文 献

[1] Hymer, S. H. (1960): "The International Operations of National Firms: A Study of Direct Foreign Investment". PhD Dissertation. Published posthumously. The MIT Press, 1976. Cambridge, Mass.

[2] VernonR. International investmentand international trade in the product cycle [J]. The Quarterly Journal of Economics, 1966, 80 (2): 190 – 207.

[3] Buckley P J, CassonM C. The future of themultinational enterprise [M]. London: Macmillan, 1976: 167 – 172.

[4] Dunning JH. Trade, location of economic activity and the MNE: a search for an eclectic approach, the international a-llocation of economic activity [M]. London: Macmillan, 1977: 395 – 418.

[5] Wells, L. T. Jr, Third World Multinationals, Cambridge, Massachusetts: MIT Press. 1983.

[6] Lall, S. (1983). The new multinationals. New York: Wiley.

[7] Anthony B. Atkinson and Joseph E. Stiglitz, A New View of Technological Change, The Economic Journal, Vol. 79, No. 315 (Sep. , 1969), pp. 573 – 578.

[8] Richard R. Nelson and Sidney G. Winter. 1982. An Evolutionary Theory of Economic Change. Cambridge, Massachusetts: The Belknap Press of Harvard University Press.

[9] Cantwell, J. A. (1991) A survey of Theories of International Produc-

tion, in Christos, N. P. , and Roger, S. , eds. , The Nature of the Transnational Firm, London: Routledge.

［10］ Fosfuri, A. , Motta, M. , 1999, MultinationalsWithout Advantages, Scandinavian Journal of Economics 101 （4）, 617 – 630.

［11］ Kjetil Bjorvatn & Carsten Eckel, 2006. "Technology Sourcing and Strategic Foreign Direct Investment," Review of International Economics, Wiley Blackwell, Vol. 14 （4）, pages 600 – 614, 09.

［12］ KogutB, Chang S. Technological capabilities and Japanese foreign direct investment in the United States ［J］. The Review of Economics and Statistics, 1991, 73: 401 – 413.

［13］ Branstetter. Is foreign investment a channel of knowledge spillovers? Evidence from Japan's FDI in the United States ［J］. NBER Working Paper8015, 2000.

［14］ Bruno van Pottelsberghe de la Potterie, Frank Lichtenberg. Does foreign direct investment transfer technology across borders? ［J］. The Review of Economics and Statistics, 2001, 83 （3）: 490 – 497.

［15］ Nigel Driffield, Love J H. Foreign direct investment, technology sourcing and reverse spillovers ［J］. The Manchester School, 2003, 71 （6）: 659 – 672.

［16］ Gershon Feder （1982）, On exports and economic growth ［J］. Journal of Development Economics, 12 （2）: 59 – 731.

［17］ Levin, A1and L1K1Raut （1999）, Complementarities between export and human capital in economic growth: evidence from the semi industrialized countries, Economic Development and Cultural Change, 46, 155 – 174.

［18］ Coe, D1T1, and E1Helpman （1995）, International R&D Spillovers ［J］. European Economic Review, 39 （5）: 859 – 887.

［19］ Eaton, J. and S. Kortum. Trade in Ideas: Patenting and Productivity in theOECD. Journal of InternationalEconomics, 1996, (40): 251 – 278.

[20] Hakura, D. and F. Jaumotte. The Role of Inter-and Intra-IndustryTrade in Technology Diffusion. IMF Working Paper, 1999, No. WP/58.

[21] Findlay. Relative backwardness, foreign direct investment and the transfer of technology: a simple dynamic model. Quarterly journal of economics, 1978, 2: 2 – 16.

[22] Fosfuri, A., Motta, M., Rønde, T., 2001, Foreign Direct Investment and Spillovers Through Workers' Mobility, Journal of International Economics 53, 205 – 222.

[23] Bruno van Pottelsberghe de la Potterie, Frank Lichtenberg. Does Foreign Direct Investment Transfer Technology across Borders? [J]. The Review of Economics and Statistics, 2001, (3).

[24] Driffield N, Love J H. Foreign Direct Investment, Technology Sourcing and Reverse Spillovers [J]. The Manchester School, 2003, (6).

[25] Gwanghoon Lee. The Effectiveness of International Knowledge Spillover Channels [J]. European Economic Review, 2006, (8).

[26] Jaffe A, Trajtenberg M, Henderson R. Geographic Localization of Knowledge Spillovers as Evidenced by Patent Citations [J]. Quarterly Journal of Economics, 1993, (3).

[27] Lall Sanjaya. Industrial Strategy and Policies on Foreign Direct Investment in East Asia [J]. Transnational Corporations, 1995, (2).

[28] Borensztein E, De Gregorio J, Lee J – W. How Does Foreign Direct Investment Affect Economic Growth? [J]. Journal of International Economics, 1998, (1).

[29] Gorg H, Greenaway D. Much Ado about Nothing? Do Domestic Firms Really Benefit from Foreign Direct Investment? [J]. World Bank Research Observer, 2004, (2).

[30] Romer P. M., 1990, Endogenous Technological Change, Journal

of Politic al Economy, 98, 71 – 102.

[31] Hausmann, R. ; Hwang, J. & Rodrik, D. What You Export Matters [J]. Journal of Economic Growth, 2007 (12): 1 – 25.

[32] Abramovitz, M. (1986). "Catching Up, Forging Ahead, and Falling Behind". Journal of Economic History, 46: 2, pp. 385 – 406.

[33] Borensztein E, De Gregorio J, Lee J – W. How Does Foreign Direct Investment Affect Economic Growth? [J]. Journal of International Economics, 1998, (1).

[34] Borensztein, E. , J. De Gregorio and J – W Lee, 1998, How does foreign direct investment affect economic growth [J]. Journal of International Economics, 45, 115 – 135.

[35] Furman JeffreyL. , Michael E. , Porter and Scott Stern, 2002, /The Determinants of National Innovative Capacity0, ResearchPolicy, 31, pp. 899 – 933.

[36] Romer P. Increasing Returns and Long-run Growth [J]. Journal of Political Economy, 1994, (5): 1002 – 1003.

[37] Alfaro, L. , A. Chanda, S. Kalemli – Ozcan and S. Sayek, FDI and Economic Growth; The Role of Local Markets Journal of International Economics, 2004, 64, 113 – 134.

[38] Coe, D. T. and E. Helpman, 1995, "International R&D Spillovers", European Economic Review, Vol. 39, pp. 859 – 887.

[39] Van Pottelsberghe de la Potterie, B. and Lichtenberg, F. , 2001, "Does Foreign Direct Investment Transfer Technology across Borders?", The Review of Economics & Statistics, Vol. 83, pp. 490 – 497.

[40] Solow, R. M. , 1957, /Technical Change and the Aggregate Production Function0, Review ofEconomics and Statistics39.

[41] Coe D T, Helpman E. International R&D Spillovers [J]. European Economic Review, 1995, 39 (5): 859 – 887.

［42］SiotisG. Foreign direct investment strategies and firms' capabilities ［J］. Journal of Economics and Management Strategy, 1999, 8: 251 – 270.

［43］Lichtenberg, F. , and B. van Pottelsberghe de la Potterie (1996). International R&D Spillovers: A Re – Examination. NBER Working Paper 5668. National Bureau of EconomicResearch, Cambridge, Mass.

［44］Bruno Van Pottelsberghe De La Potterie & Frank Lichtenberg. Does Foreign Direct Investment Transfer Technology Across Borders?, The Review of Economics and Statistics, MIT Press, 2001, Vol. 83 (3): pages 490 – 497.

［45］Juan C. Ginarte, Walter G. Park. Determinants of patent rights: A cross-national study ［J］. Research Policy , 26 (1997): 283 – 301.

［46］Levin A, Lin C&Chu JC. Unit Root Test in Panel Data: Asymptotic and Finite-sample Properties ［J］. Journal of Econometrics, 2008, 108 (1): 1 – 24.

［47］Andrew R Weiss, PhilipH Birnbaum. Technological Infrastructure and the Implementation ofTechnological Strategies ［J］. ManagementScience, 1989, (35): 1014 – 1026.

［48］M Justman, M Teuba. l Technological Infrastructure Policy (TIP): CreatingCapabilities and BuildingMarket ［J］. Research Policy, 1995, (24): 259 – 281.

［49］Rodrik, D. What Is So Special about China's Exports ［J］. China and the World Economy, 2006 (14): 1 – 19.

［50］Lall, S. ; John, W. ; Zhang, J. The "Sophistication" of Export: A New Trade Measure ［J］. World Development, 2006 (34): 222 – 237.

［51］Kali, R. ; Mendez, F. & Reyes, J. Trade Structure and Economic Growth ［J］. The Journal of International Trade and Economic Development, 2007 (16): 245 – 269.

［52］Wang Zhi, Wei Shangjin. The Rising Sophistication of China's Exports: Assessing the Roles of Processing Trade, Foreign Invested Firms, Human Capital, and Government Policies. Working Paper for NBER Conference on China's Growing Role in World Trade, 2007.

[53] Lo, Dic & Chan, Thomas. Machinery and China's Nexus of Foreign Trade and Economic Growth. Journal of International Development, 1998 (10): 733 – 749.

[54] Lall, S. The Technological Structure and Performance of Developing Country Manufactured Exports, 1985 – 98 [J]. Oxford Development Studies, Taylor and Francis Journals, 2000, 28 (3): 337 – 369.

[55] 张二震, 马野青. 国际贸易学 [M]. 北京: 人民出版社, 2007.

[56] 小岛清. 对外贸易论 [M]. 周宝廉, 译. 天津: 南开大学出版社, 1987.

[57] 冼国明, 杨锐. 技术累积、竞争策略与发展中国家对外直接投资 [J]. 经济研究, 1998 (11): 56 – 62.

[58] 马亚明, 张岩贵. 技术优势与对外直接投资: 一个关于技术扩散的分析框架 [J]. 南开经济研究, 2003 (4): 10 – 14.

[59] 王英, 刘思峰. 国际技术外溢渠道的实证研究 [J]. 数量经济技术经济研究, 2008 (4): 153 – 161.

[60] 赖明勇, 包群. 关于技术外溢与吸收能力的研究综述 [J]. 经济学动态, 2003 (8): 75 – 79.

[61] 陈篱高, 张燕. 对外直接投资的产业选择 [J]. 世界经济, 2007 (10): 28 – 38.

[62] 阎大颖, 洪俊杰, 任兵. 中国企业对外直接投资的决定因素: 基于制度视角的经验分析 [J]. 国际商务, 2009 (12): 135 – 142.

[63] 高敏雪, 李颖俊. 对外直接投资发展阶段的实证分析 [J]. 管理世界, 2004 (1): 55 – 61.

[64] 张为付. 中国对外直接投资与经济发展水平关系的实证研究

[J]. 南京大学学报（哲学人文社会科学），2008（2）：55-65.

[65] 裴长洪，樊瑛. 中国企业对外直接投资的国家特定优势 [J]. 中国工业经济，2010（7）：45-54.

[66] 李猛，于津平. 东道国区位优势与中国对外直接投资的相关性研究 [J]. 世界经济研究，2011（6）：63-74.

[67] 刘阳春. 中国企业对外直接投资动因理论与实证研究 [J]. 中山大学学报（社会科学版），2008（3）：177-184.

[68] 姚枝仲，李众敏. 中国对外直接投资的发展趋势与政策展望 [J]. 国际经济评论，2011（2）：127-140.

[69] 张天顶. 出口、对外直接投资与企业的异质性研究 [J]. 男方经济，2008（3）：18-25.

[70] 杜凯，周勤. 中国对外直接投资：贸易壁垒诱发的跨越行为 [J]. 南开经济研究，2010（2）：44-63.

[71] 马光远. 促进对外直接投资应对当前贸易保护主义 [J]. 财贸经济，2010（6）：73-81.

[72] 代中强. 中国企业对外直接投资的动因研究 [J]. 山西财经大学学报，2008（11）：29-35.

[73] 李蕊. 跨国并购的技术寻求动因解析 [J]. 世界经济，2003（2）：19-24.

[74] 江小涓. 利用全球科技资源提高自主创新能力 [J]. 求是，2006（7）：38-40.

[75] 薛求知，朱吉庆. 中国对外直接投资的理论研究与实证检验 [J]. 江苏社会科学，2007（4）：65-70.

[76] 白洁. 中国企业的技术寻求型海外投资战略分析 [J]. 中国科技论坛，2009（4）：26-29.

[77] 陈小文，技术寻求型对外直接投资和中国企业的跨国经营 [J]. 南京财经大学学报，2007（1）：18-22.

[78] 赵伟，古广东，何元庆. 外向 FDI 与中国技术进步：机理分

析与尝试性实证 [J]. 管理世界, 2006 (7): 53 - 60.

[79] 白洁. 对外直接投资的逆向技术溢出效应 [J]. 世界经济研究, 2009 (8): 65 - 69.

[80] 刘明霞, 王学军. 中国对外直接投资的逆向技术溢出效应研究 [J]. 世界经济研究, 2009 (9): 57 - 62.

[81] 刘明霞. 我国对外直接投资的逆向技术溢出效应 [J]. 国际商务——对外经贸大学学报, 2009 (4): 61 - 66.

[82] 欧阳艳艳, 喻美辞. 中国对外直接投资逆向技术溢出的行业差异分析 [J]. 经济问题探索, 2011 (4): 101 - 107.

[83] 刘明霞. 中国对外直接投资的逆向技术溢出效应——基于技术差距的影响分析 [J]. 中南财经政法大学学报, 2010 (3): 16 - 21.

[84] 欧阳艳艳. 中国对外直接投资逆向技术溢出影响因素分析 [J]. 世界经济研究, 2010 (4): 66 - 71.

[85] 周春应. 对外直接投资逆向技术溢出效应吸收能力研究 [J]. 山西财经大学学报, 2009 (8): 47 - 52.

[86] 李梅. 人力资本、研发投入与对外直接投资的逆向技术溢出 [J]. 世界经济研究, 2010 (10): 69 - 75.

[87] 刘明霞, 刘林青. 人力资本、技术差距与 OFDI 逆向技术溢出效应 [J]. 中国地质大学学报 (社会科学版), 2011 (5): 59 - 64.

[88] 陈岩. 中国对外投资逆向技术溢出效应: 基于吸收能力的分析视角 [J]. 中国软科学, 2011 (10): 61 - 71.

[89] 李梅, 柳士昌. 对外直接投资逆向技术溢出的地区差异和门槛效应 [J]. 管理世界, 2012 (1): 21 - 32.

[90] 赖明勇等. 经济增长的源泉: 人力资本、研究开发与技术外溢 [J]. 中国社会科学, 2005 (2): 37.

[91] 寇宗来. 技术差距、后发陷阱和创新激励 [J]. 经济学 (季刊), 2009 (1): 533 - 550.

[92] 刘钻石, 张娟. 加工贸易对中国出口贸易技术水平影响的实

证分析 [J]. 当代财经，2010（4）：104－109.

[93] 祝树金，戢璇，傅晓岚. 出口品技术水平的决定性因素 [J]. 世界经济，2010（4）：28－46.

[94] 周永涛，钱水土. 金融发展与出口贸易技术水平关系研究 [J]. 财经论丛，2011（7）：48－54.

[95] 柒江艺，许和连. 行业异质性、适度知识产权保护与出口技术进步 [J]. 中国工业经济，2012（2）：79－88.

[96] 刘钻石，张娟. 中国出口贸易技术结构的测算 [J]. 世界经济研究，2010（3）：68－72.

[97] 周立. 中国各地区金融发展与经济增长 1978—2000. 北京：清华大学出版社，2004.

[98] 赵春明，何艳. 从国际经验看中国对外直接投资的产业和区位选择 [J]. 世界经济，2002（5）：38－41.

[99] 毕海霞. 中国对外直接投资发展特征分析及对策 [EB/OL]. 人民论坛电子版，www. rmlt. com. cn/qikan/2012－07－30.

[100] 刘生龙，胡鞍钢. 基础设施的外部性在中国的检验：1988—2007 [J]. 经济研究，2010（3）：4－14.

[101] 赖明勇，张新，彭水军，包群. 经济增长的源泉：人力资本、研究开发与技术外溢 [J]. 中国社会科学，2005（2）：32－49.

[102] 沈坤荣，耿强. 外国直接投资、技术外溢与内生经济增长——中国数据的计量检验与实证分析 [J]. 中国社会科学，2001（5）：83－95.

[103] 王英，刘思峰. 中国 ODI 逆向技术溢出效应的实证分析 [J]. 科学学研究，2008（2）：294－298.

[104] 李海峥等. 中国人力资本测度与指数构建 [J]. 经济研究，2010（8）：42－54.

[105] 邹玉娟. 发展中国家对外直接投资、逆向技术转移与母国技术提升 [J]. 经济问题，2008（4）：105－108.

[106] 赵春明，何艳．从国际经验看中国对外直接投资的产业和区位选择 [J]．世界经济，2002（5）：38 - 41.

[107] 李毅．为实现整合优势而对外投资 [J]．南方经济，2000（7）：55 - 58.

[108] 巫强．我国企业对外直接投资新方式探析 [J]．对外经贸实务，2006（8）：37 - 41.

[109] 徐向龙．发展中国家对外直接投资新模式：合作第三国直接投资研究 [J]．学术研究，2010（7）：66 - 73.

[110] 陈刚，李树．金融发展与增长源泉：要素积累、技术进步与效率改善 [J]．南方经济，2009（5）：24 - 39.

[111] 易先忠，张亚斌，刘智勇．自主创新、国外模仿与后发国知识产权保护 [J]．世界经济，2007（3）：31 - 40.

[112] 蔡冬青，周经．东道国人力资本、研发投入与我国 OFDI 的逆向技术溢出 [J]．世界经济研究，2012（4）：76 - 80.

[113] 蔡冬青，刘厚俊．中国 OFDI 反向技术溢出影响因素研究——基于东道国制度环境的视角 [J]．财经研究，2012（5）：59 - 69.

[114] 蔡冬青，周经．对外直接投资对出口技术水平的提升研究——理论与基于中国省际面板数据的实证 [J]．世界经济研究，2012（12）：52 - 57.

[115] 王然，燕波，邓根伟．FDI 对我国工业自主创新能力的影响及机制——基于产业关联的视角 [J]．中国工业经济，2010（11）：16 - 25.

后　记

　　本书是在我的博士论文基础上修改而成。回顾我的博士阶段的工作，一幕幕仍历历在目。还记得预答辩前，看着刘老师在我的答辩申请上签了字后，我从刘老师办公室出来，心里长嘘一口气。论文经过多次修改刘老师终于同意我参加答辩。其实我心里明白，相对于刘老师的严格要求，我的论文还是存在很多明显问题的，刘老师在申请表上签字，一定是他的宽容。在论文即将送交装订之际，我的成就感非常微弱，取代它的是对我的导师刘厚俊教授的感激与愧疚。三年前的今天，我的博士入学成绩刚刚公布，当得知有幸能够投到刘老师门下继续学习时，当时的那份激动至今记忆犹新。很多同学朋友得知我能够成为刘老师的弟子时，都会羡慕地说我很幸运。在刘老师门下学习三年后，我已经完全理解大家的这种羡慕。刘老师思维敏捷、治学严谨，待人真诚宽容，师从刘老师的三年不仅在学业上获益颇丰，在做人上也从刘老师身上学到很多。在我论文选题到写作修改的整个过程中，刘老师倾注了大量心血，甚至多次我与刘老师的约见我自己都迟到了，但刘老师却在办公室等着我，感激的同时，我也不免惭愧。我并不是一个天资过人的人，但在与刘老师的交谈中，我的思路变得越来越清晰，对论文的研究也变得顺利，最终能够顺利完成整篇论文并有成果公开发表，对刘老师的感激无法言表。我同时需要感谢的是我的硕士阶段的导师，河海大学张静中教授。本科毕业时我对经济学的研究曾有过兴趣，但限于所学有限，并未能够真正体味其中乐趣，是张老师将我领进经济学研究的大门，让我对经济学研究产生了浓厚兴趣，能够尽情体会其中的乐趣。研究生毕业工作以后，张老师仍然非常关心我的工作，正是在张老师的鼓励下我才下定决心报考了南京大学的博士。刘老师和张老师不仅是我的学业导师，更是我的人生导师。

博士毕业后，我慢慢发现自身在学术研究中的不足，不仅仅是研究能力的不足，更为自己的惰性感到可耻，想起攻读博士期间南京大学商学院的于津平教授曾讲过"大家离开了商学院这栋楼，便会发现很难写出好文章了，很大的原因便是离开了这栋楼，你们面对的氛围发生了变化，你们的惰性慢慢体现出来了"。想想自己在工作后面对的似乎真的是这种境况，于是试着联系于津平教授，希望能够再回母校做博士后研究，没想到很快得到于老师的答复，于老师很热情地欢迎我回母校。当时的欣喜和感激至今难以忘记。在近两年的博士后生涯中，我多次与于老师进行学术交流。从与于老师的交流中找到学术研究的信心，延续着对学术的兴趣。本书的修改成稿，正是在于老师的鼓励和督促下完成的。人生中能遇到不嫌弃我的愚钝而愿意帮助我的恩师真是人生幸事。

最后，我要感谢我所供职的南京邮电大学经济学院的领导和全体同仁。南邮经院是一个年轻的团体，从2013年10月成立至今，刚刚走进第五个年头。但这是一个有活力的团体，也是一个团结的团体。本书的成稿得到了院领导和同事们的大力支持。

本书出版得到南京邮电大学校级出版基金（NYS217004）的资助。

以本书献给我的父亲母亲！

蔡冬青
2018年3月